мактаб - ကျောင်း
саёҳат - ခရီးသွားသည်
нақлиёт - သယ်ယူပို့ဆောင်ရေး
шаҳр - မြို့တော်
ландшафт - ရှုခင်း
тарабхона - စားသောက်ဆိုင်

супермаркет - စူပါမားကတ်	20
нӯшокиҳои - သောက်စရာများ	22
таъом - အစားအစာ	23
ферма - လယ်ယာ	27
хона - အိမ်	31
меҳмонхона - ဧည့်ခန်း	33
ошхона - မီးဖိုချောင်	35
ҳамом - ရေချိုးခန်း	38
ҳуҷраи кӯдакона - ကလေး အခန်း	42
либос - အဝတ်အစား	44
идора - ရုံးခန်း	49
иқтисодиёт - စီးပွားရေး	51
касбҳо - အလုပ်အကိုင်များ	53
асбобҳо - ကိရိယာ တန်ဆာပလာများ	56
асбобҳои мусиқӣ - ဂီတတူရိယာများ	57
боғи ҳайвонот - တိရိစ္ဆာန်ရုံ	59
варзиш - အားကစားများ	62
фаъолият - လှုပ်ရှားမှုများ	63
оила - မိသားစု	67
бадан - ကိုယ်ခန္ဓာ	68
бемористон - ဆေးရုံ	72
ҳолати фавқулодда - အရေးပေါ်	76
замин - ကမ္ဘာမြေကြီး	77
вақт - နာရီ	79
ҳафта - ရက်သတ္တပတ်	80
сол - နှစ်	81
баст - ပုံစံများ	83
рангҳо - အရောင်များ	84
мухолифат - ဆန့်ကျင်ဖက်များ	85
ададҳо - နံပါတ်များ	88
забонҳо - ဘာသာစကားများ	90
ки / чиро / тавр - ဘယ်သူ / ဘာ / ဘယ်လိုပုံ	91
дар куҷо - ဘယ်နေရာလဲ	92

Impressum
Verlag: BABADADA GmbH, Nedderfeld 112 , 22529 Hamburg
Geschäftsführer / Verlagsleitung: Harald Hof
Druck: Books on Demand GmbH, In de Tarpen 42, 22848 Norderstedt

Imprint
Publisher: BABADADA GmbH, Nedderfeld 112 , 22529 Hamburg, Germany
Managing Director / Publishing direction: Harald Hof
Print: Books on Demand GmbH, In de Tarpen 42, 22848 Norderstedt, Germany

мактаб
ကျောင်း

- тақсим кардан / စားသည်
- 186/2
- тахтаи синф / ဘုတ်ပြား
- синф / စာသင်ခန်း
- саҳни мактаб / ကျောင်းဝင်း
- муаллим / ဆရာ ဆရာမ
- қоғаз / စာရွက်
- навиштан / စာရေးသည်
- ручка / ဘောပင်
- мизи хатнависӣ / စာရေးစားပွဲခုံ
- чадвал / ပေတံ
- китоб / စာအုပ်
- талаба / သူငယ်အိမ်

чузвдон
အဖုံးပါ ဘေးလွယ်အိတ်

қаламдон
ခဲတံဘူး

қалам
ခဲတံ

қаламтезкунак
ချွန်စက်

хаткуркунак
ခဲဖျက်

блокноти расмкашӣ
ပုံဆွဲစာအုပ်

2 мактаб - ကျောင်း

расм
ပုံဆွဲခြင်း

мӯқалами рассомӣ
ဆေးခြယ်သည့် စုပ်တံ

қуттии рангҳо
အရောင်စုံ ဖူး

қайчӣ
ကပ်ကြေး

ширеш
ကော်

дафтари машқ
လေ့ကျင့်ခန်းစာအုပ်

вазифаи хонагӣ
အိမ်စာ

рақам
နံပါတ်

ҷамъ кардан
ပေါင်းသည်

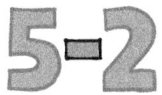

кам кардан
နှုတ်သည်

зарб задан
မြှောက်သည်

ҳисоб кардан
တွက်ပါ

ҳарф
စာ

алфавит
အက္ခရာ

калима
စကားလုံး

мактаб - ကျောင်း

матн

ဖတ်စာအုပ်

хондан

ဖတ်သည်

бӯр

မြေဖြူ

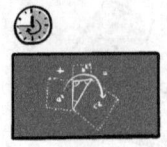

дарс

သခန်းစာ

журнали синфӣ

ကျောင်းခေါ် ချိန်
မှတ်တမ်းစာအုပ်

имтиҳон

စာမေးပွဲ

шаҳодатнома

အထောက်အထားလက်မှတ်

либоси мактабӣ

ကျောင်းဝတ်စုံ

таҳсил/маориф

ပညာရေး

энсиклопедия

စွယ်စုံကျမ်း

донишгоҳ

တက္ကသိုလ်

микроскоп (more frequently used)

အနီကြည့်မှန်ပြောင်း

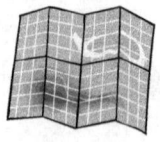

харита

မြေပုံ

сабади партофҳои коғазӣ

အမှိုက်စည်ပုံး

мактаб - ကျောင်း

саёҳат
ခရီးသွားသည်

меҳмонхона / ဟိုတယ်

хобгоҳ / ဘော်ဒါဆောင်

нуқтаи мубодилаи асъор / ငွေလဲဌာန

чамадон / ခရီးဆောင်အိတ်

мошин / ကား

забон

ဘာသာစကား

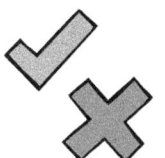

ҳа / не

မှန် / မှား

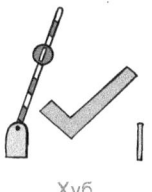

Хуб

အိုကေ

Ассалому алейкум

ဟယ်လို

тарҷумон

ဘာသာပြန်

Раҳмат

ကျေးဇူးတင်ပါတယ်

саёҳат - ခရီးသွားသည်

5

чӣ қадар аст …? ...ကဘယ်လောက်လဲ။	Ман намефаҳмам ကျွန်ုပ် နားမလည်ဘူး	проблема ပြဿနာ

шаб ба хайр! မင်္ဂလာ ညနေခင်းပါ။	субҳ ба хайр မင်္ဂလာ နံနက်ခင်းပါ။	шаби хуш မင်္ဂလာ ညပါ။

хайр ဘိုင်ဘိုင်	равона ဦးတည်ရာ	бағоҷ ခရီးဆောင်သေတ္တာ

ҷузвдон အိတ်	борхалта ကျောပိုးအိတ်	меҳмон ဧည့်သည်
	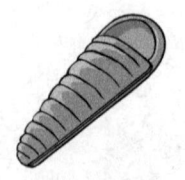	
хона အခန်း	хобхалта တစ်ကိုယ်စာအိပ်ယာလိပ်	хайма ရွက်ထည်တဲ

саёҳат - ခရီးသွားသည်

маълумоти сайёҳӣ

ခရီးသွားဧည့်သည်အတွက်
သတင်းအချက်အလက်

соҳил

ကမ်းခြေ

корти кредитӣ

အကြွေးဝယ်ကတ်

наҳорӣ

နံနက်စာ

хӯроки пешин

နေ့လည်စာ

хӯроки шом

ညစာ

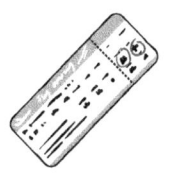

чипта

လက်မှတ်

лифт

ဓာတ်လှေကား

марка

တံဆိပ်ခေါင်း

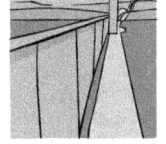

сарҳад

နယ်စပ်

Гумрук

အခွန်များ

сафорат

သံရုံး

раводид

ဗီဇာ

шиносномa

နိုင်ငံကူးလက်မှတ်

саёҳат - ခရီးသွားသည်

нақлиёт
သယ်ယူပို့ဆောင်ရေး

тайёра
လေယာဉ်ပျံ

кишти
သင်္ဘော

мошини сӯхторхомӯшкунӣ
မီးသတ်ကား

мошини боркаш
ထရပ်ကား

автобус
ဘတ်စ်ကား

қаиқи моторӣ
မော်တော်ဘုတ်

мошин
ကား

дучарха
စက်ဘီး

паром
ဖယ်ရီသင်္ဘော

қаиқ
လှေ

мотосикл
မော်တော်ဆိုင်ကယ်

мошини полис
ရဲကား

мошини тезрави пойгаи
ပြိုင်ကား

кирояи мошинҳо
စင်းလုံးငှားကား

нақлиёт - သယ်ယူပို့ဆောင်ရေး

амроҳ истифодабарии мошин	эвакуатор	павтовчамъкунӣ
ကား‌ဝေမျှသုံးစွဲခြင်း	ပျက်နေသော ထရပ်ကား	အမှိုက်သယ်ယာဉ်

 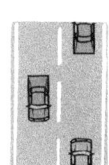 

муҳаррик	сӯзишворӣ	нуқтаи фурӯши сӯзишворӣ
မော်တာ	လောင်စာ	ဓာတ်ဆီဆိုင်

аломати роҳ	ҳаракат	бандшавии ҳаракати роҳ
လမ်းကြောပြ ဆိုင်းဘုတ်	ယာဉ်အသွားအလာ	လမ်းကြောပိတ်ဆို့မှု

 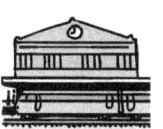 

ҷои исти мошинҳо	истгоҳи роҳи оҳан	роҳи оҳан
ကားရပ်နားရာနေရာ	ရထားဘူတာရုံ	လမ်းကြောင်းများ

 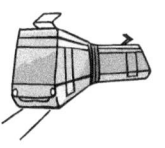 

қатора	тамвай	вагон
ရထား	ဓာတ်ရထား	ရထားလုံး

нақлиёт – သယ်ယူပို့ဆောင်ရေး

чархбол
ဟယ်လီကော်ပီတာ

фурудгоҳ
လေဆိပ်

манора
တာဝါ

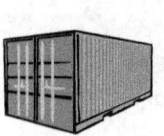

мусофир
ခရီးသည်

контейнер
ထည့်စရာပုံး

щутии картонӣ
ကတ်ထူပုံး

ароба
လှည်း

сабад
ခြင်း

гирифтан / замин
ထွက်ခွာ / ဆိုက်ရောက်

шаҳр
မြို့တော်

деҳа
ကျေးရွာ

маркази шаҳр
မြို့လယ်ခေါင်

хона
အိမ်

10 шаҳр - မြို့တော်

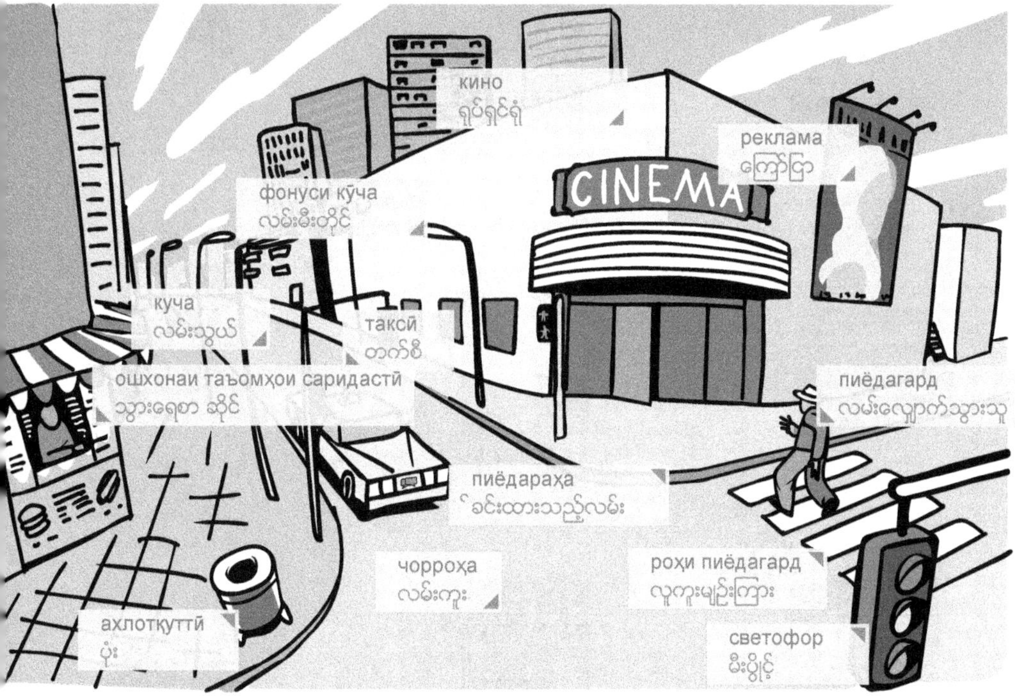

кулба
တဲအိမ်

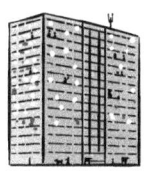

ҳамвор
နေအိမ်ခန်း

истгоҳи роҳи оҳан
ရထားဘူတာရုံ

бинои маъмурияти шаҳр
မြို့တော်ခန်းမ

осорхона
ပြတိုက်

мактаб
ကျောင်း

шаҳр - မြို့တော်

донишгоҳ

တက္ကသိုလ်

бонк

ဘဏ်

бемористон

ဆေးရုံ

меҳмонхона

ဟိုတယ်

доухона

ဆေးဆိုင်

идора

ရုံးခန်း

сехи китоб

စာအုပ်ဆိုင်

сехи

ဆိုင်

мағозаи гулфурӯшӣ

ပန်းရောင်းသူ၏

супермаркет

စူပါမားကတ်

бозор

ဈေး

универмаг

ပစ္စည်းမျိုးစုံရောင်းသည့်
စတိုးဆိုင်ကြီး

мағозаи моҳифурӯшӣ

ငါးရောင်းသူ၏

маркази савдо

ဈေးဝယ်စင်တာ

бандар

သင်္ဘောဆိပ်

12　　　　шаҳр - မြို့တော်

парк

အနားယူပန်းခြံ

бонк

ထိုင်ခုံတန်း

пул

တံတား

зинапоя

လှေကားထစ်များ

метро

မြေအောက်

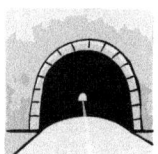

нақби

ဥမင်လှိုင်ခေါင်း

истгоҳи автобус

ဘတ်စ်ကားမှတ်တိုင်

бар

ဘား

тарабхона

စားသောက်ဆိုင်

қуттии почта

စာတိုက်သေတ္တာ

аломати номи кӯчаҳо

လမ်းဆိုင်းဘုတ်

ҳисобкунаки исти мошинҳо

ကားရပ်နားခ ကောက်ခံသည့်မီတာ

боғи ҳайвонот

တိရိစ္ဆာန်ရုံ

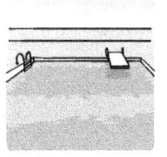

ҳавзи шиноварӣ

ရေကူးကန်

масҷид

ဗလီ

шаҳр - မြို့တော်

ферма
လယ်ယာ

ифлоскунӣ
ညစ်ညမ်းမှု

қабристон
သချိုင်းကုန်း

калисо
ဘုရားရှိခိုးကျောင်း

майдончаи бозӣ
ကစားကွင်း

маъбад
ဘုရားကျောင်း

ландшафт
ရှုခင်း

барг
သစ်ရွက်

аломати роҳнамо
ဆိုင်းဘုတ်

рох
လမ်း

алафзор
မြက်ခင်း

санг
ကျောက်တုံး

дарахт
သစ်ပင်

сайёҳ
တောင်တက်သမား

дарё
မြစ်

алаф
မြက်

гул
ပန်း

ландшафт - ရှုခင်း

водӣ
တောင်ကြား

кӯҳ
တောင်ကုန်း

кӯл
ရေကန်

беша
သစ်တော

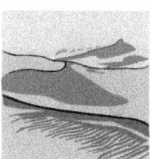
биёбон
သဲကန္တာရ

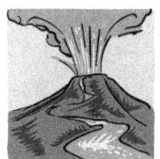
вулкан
မီးတောင်

қалъа
ရဲတိုက်

рангинкамон
သက်တန့်

занбӯруғ
မှို

дарати нахл
ထန်းပင်

хомӯшак
ခြင်

паридан
ပျံသန်းသည်

мурча
ပုရွက်ဆိတ်

занбур
ပျား

тортанак
ပင့်ကူ

ландшафт - ရှုခင်း

15

гамбӯсак — ပိုးတောင်မာ

қурбоққа — ဖား

санҷоб — ရှဉ့်

 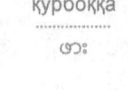 

хорпушт — ဖြူကောင်

харгӯш — ယုန်

бум — ဇီးကွက်

парранда — ငှက်

мурғи ку — ငန်း

хуки ваҳшӣ — တောဝက်

оху — သမင်

гавазн — ချိုပြားဒရယ်

сарбанд — ဆည်

турбина шамол — လေအားသုံး လျှပ်စစ်ဓာတ်အားပေးစက်

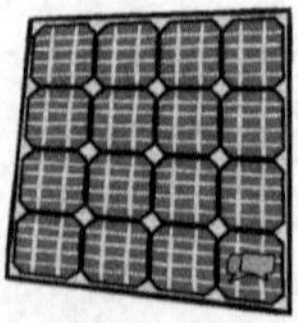

панел офтобӣ — နေရောင်ခြည်ခံပြား

иқлим — ရာသီဥတု

16 ландшафт - ရှုခင်း

тарабхона
စားသောက်ဆိုင်

пешхизмат
စားပွဲထိုး

меню
မီနူး

курсӣ
ထိုင်ခုံ

шӯрбо
ဟင်းချို

Pizza
ပီဇာ

асбобу анҷоми хӯрокхӯрӣ
ဇွန်းခက်ရင်း

дастархон
စားပွဲခင်း

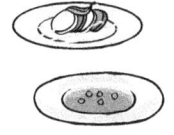

стартер/корандоз
ပထမဆုံး စားသည့် အစာ

хӯроки асосӣ
ပင်မ အစာ

десерт
အချိုပွဲ

нӯшокиҳои
သောက်စရာများ

таъом
အစားအစာ

шиша
ပုလင်း

тарабхона - စားသောက်ဆိုင်　　17

Хӯроки Тез Таёр мешуда
အသင့်ပြင်ပြီးသား အစားအစာ

хӯроки кӯчагӣ
လမ်းဘေးအစားအစာ

чойник
လက်ဖက်ရည်အိုး သို့မဟုတ်
ရေနွေးကြမ်းအိုး

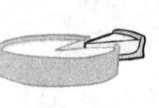

шакардон
သကြားအိုး

қисм/порча
တစ်ယောက်စာ

мошини espresso
အက်စပရက်ဆို ကော်ဖီစက်

курсии кӯдакона
ထိုင်ခုံအမြင့်

ҳисоб
ငွေတောင်းခံလွှာ

зарфмонак
ဗန်း

корд
ဓါး

чангол
ခက်ရင်း

қошуқ
ဇွန်း

қошуқча
လက်ဖက်ရည်ဇွန်း

сачоқи қоғазӣ
လက်သုတ်ပုဝါ

истакон
ရေသောက်ဖန်ခွက်

18   тарабхона - စားသောက်ဆိုင်

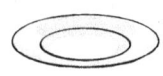  

табақча	косача	тақсимча
ပန်းကန်ပြား	ဟင်းချိုပန်းကန်ပြား	ပန်းကန်ပြား

соус	намакдон	мурчдон
ဆော့စ်	ဆားအိုး	ငရုတ်ကောင်းချေစက်

 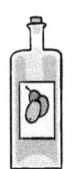 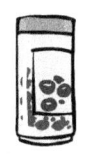 

сирко	равғани растанӣ	приправа
ရှာလကာရည်	ဆီ	ဟင်းခတ်အမွှေးအကြိုင်

кетчуп	хардал	майонез
ခရမ်းချဉ်သီးဆော့စ်	မုန်ညှင်းဆီဆော့စ်	မယိုးနိစ်

тарабхона - စားသောက်ဆိုင်

супермаркет
စူပါမားကတ်

пешниходи махсус
အထူးကမ်းလှမ်းချက်

мизоч
ဖောက်သည်၊ သို့မဟုတ် ဈေးဝယ်သူ

шир
နို့ထွက်ပစ္စည်း

мева
သစ်သီး

аробача
ထရော်လီလှည်း

дукони гӯштфурӯшӣ
သားသတ်သမားဆိုင်

дукони нонфурӯшӣ
မုန့်ဖုတ်သမားဆိုင်

баркашидан
အလေးချိန်သည်

сабзавот
ဟင်းသီးဟင်းရွက်

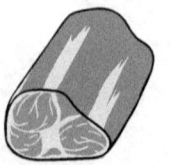

гӯшт
အသား

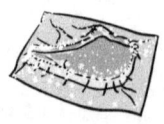

хӯроки яхбаста
အေးခဲထားသည့် အစားအစာ

20   супермаркет - စူပါမားကတ်

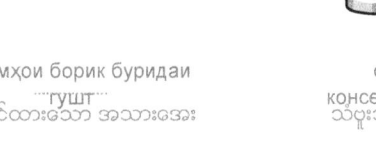

лимҳои борик буридаи гушт
ဆင်ထားသော အသားအေး

озуқавории консервонидашуда
သဗူးသွပ် အစားအစာ

хокаи либосшӯӣ
ဆပ်ပြာမှုန့်

ширинӣ
သကြားလုံးများ

асбоби рӯзгор
အိမ်သုံး ပစ္စည်းများ

воситаҳои тозакунанда
သန့်ရှင်းရေး ပစ္စည်းများ

фурӯшанда
ဈေးရောင်းသူ

касса
အဓိ

кассир
ငွေကိုင်

рӯихати харидкунӣ
ဈေးဝယ်စာရင်း

соат ифтитоҳи
ဖွင့်ချိန်နာရီများ

ҳамён
အိတ်ဆောင် ပိုက်ဆံအိတ်

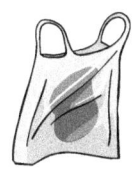

корти кредитӣ
အကြွေးဝယ်ကတ်

ҷузъдо
အိတ်

пакет
ပလတ်စတစ်အိတ်

супермаркет - စူပါမားကတ်

нӯшокихои
သောက်စရာများ

об
ရေ

шарбат
သစ်သီးဖျော်ရည်

шир
နွားနို့

кола
ကိုကာကိုလာ

шароб
ဝိုင်

оби ҷав
ဘီယာ

машрубот
အရက်

какао
ကိုကိုးမှုန့်

чой
လက်ဖက်ရည် သို့ မဟုတ် ရေနွေးကြမ်း

қаҳва
ကော်ဖီ

эспрессо
အက်စ်ပရက်ဆို ကော်ဖီ

каппучино
ကပူချီနီကော်ဖီ

22 нӯшокихои - သောက်စရာများ

таъом
အစားအစာ

| банан | себ | норанҷӣ |
| ငှက်ပျောသီး | ပန်းသီး | လိမ္မော်သီး |

| харбуза | лимӯ | сабзӣ |
| ဖရဲသီးမျိုးဝင် | သံပုယိုသီး | မုန်လာဥနီ |

| сир | бамбук | пиёз |
| ကြက်သွန်ဖြူ | မျှစ် | ကြက်သွန်နီ |

| занбӯруғ | чормағз | угро |
| မှို | ပဲစေ့များ | ခေါက်ဆွဲ |

таъом - အစားအစာ 23

спагеттӣ	биринҷ	салат
စပါဂတီ ခေါ် အီတာလီ ခေါက်ဆွဲ	ထမင်း	ဆလပ်ရွက်သုတ်

картошкаи қоқақ	картошкабирён	Pizza
အကြွပ်ကြော်များ	အာလူးကြော်	ပီဇာ

гамбургер	бутербурод	шнитсел
ဟမ်ဘာဂါ	အသားညှပ်ပေါင်မုန့်	ကတ်တလိပ်

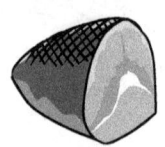  

гӯшти намакардаи хук	ҳасиби салямӣ	ҳасиб
ဝက်ပေါင်ခြောက်	ဆလာမီ	ဝက်အူချောင်း

мурғ	кабоб	моҳӣ
ကြက်သား	ရှိစ်လုပ်ခြင်း	ငါး

таъом - အစားအစာ

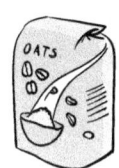

ярмаи чав
ကွေကာအုတ်

омехтаи ғалладонагӣ
မျိုးစလီ

ярмаи ҷуворимакка
ပြောင်းစေ့ပြား

орд
ဂျုံမှုန့်

кулчақанд
ခရာဆွန်း ခေါ်
ပြင်သစ်ပေါင်မုန့်တစ်မျိုး

кулчақанд
ပေါင်မုန့်လိပ်

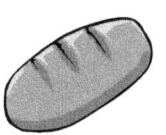

нон
ပေါင်မုန့်

як порча нони бирён
ပေါင်မုန့်မီးကင်

кулчачаҳои қандин
ဘီစကစ်

маска
ထောပတ်

творог
ဒိန်ခဲ

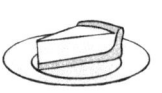

пирог
ကိတ်မုန့်

тухм
ဥ

тухм бирён
ဥကြော်

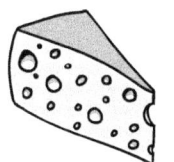

панир
ချိစ်

таъом - အစားအစာ 25

яхмос	шакар	асал
ရေခဲမုန့်	သကြား	ပျားရည်

мураббо	хамираи халво	Curry
ယို	ယိုသုတ်စားသည့် ချောကလက်	ဟင်း

ферма
လယ်ယာ

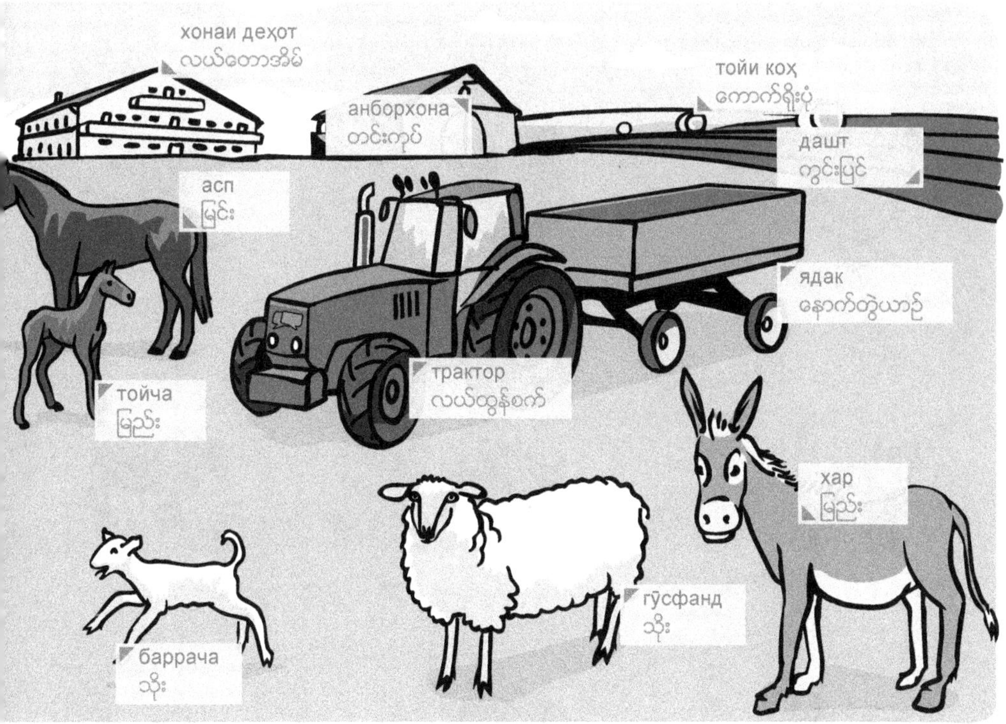

буз  ဆိတ်	гов  နွားမ	гӯсола  နွားလေး
хук  ဝက်	хукча  ဝက်ကလေး	буққа  နွားထီး

ферма - လယ်ယာ

ғоз
ဘဲငန်း

мурғобӣ
ဘဲ

чӯҷа
ကြက်ပေါက်ကလေး

мурғ
ကြက်မ

хурӯс
ကြက်ဖ

каламуш
ကြွက်

гурба
ကြောင်

муш
ကြွက်ကလေး

барзагов
နွားထီး

саг
ခွေး

хоначаи саг
ခွေးအိမ်

рӯдаи резинӣ
ပန်းခြံရေပိုက်

камобӣ метавонад
ရေလောင်းသည့်ခွက်

дос
တံစဉ်အပြားကြီး

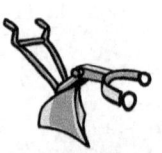

сипори шудгоркунии замин
ထယ်

ферма - လယ်ယာ

ферма

хосил
ရိတ်သိမ်းသည်

хосил
ရိတ်သိမ်းသည်

yams
ပီလောပီနံ

гандум
ဂျုံ

лубиж
ပဲပုပ်

картошка
အာလူး

чуворй
ပြောင်း

донаи маъсар
နံစားပြောင်းဆီ

дарахти мева
အသီးပင်

manioc
ပီလောပီနံ

ғалладона
စီရီရယ် ခေါ် နံနက်စာတစ်မျိုး

30 ферма - လယ်ယာ

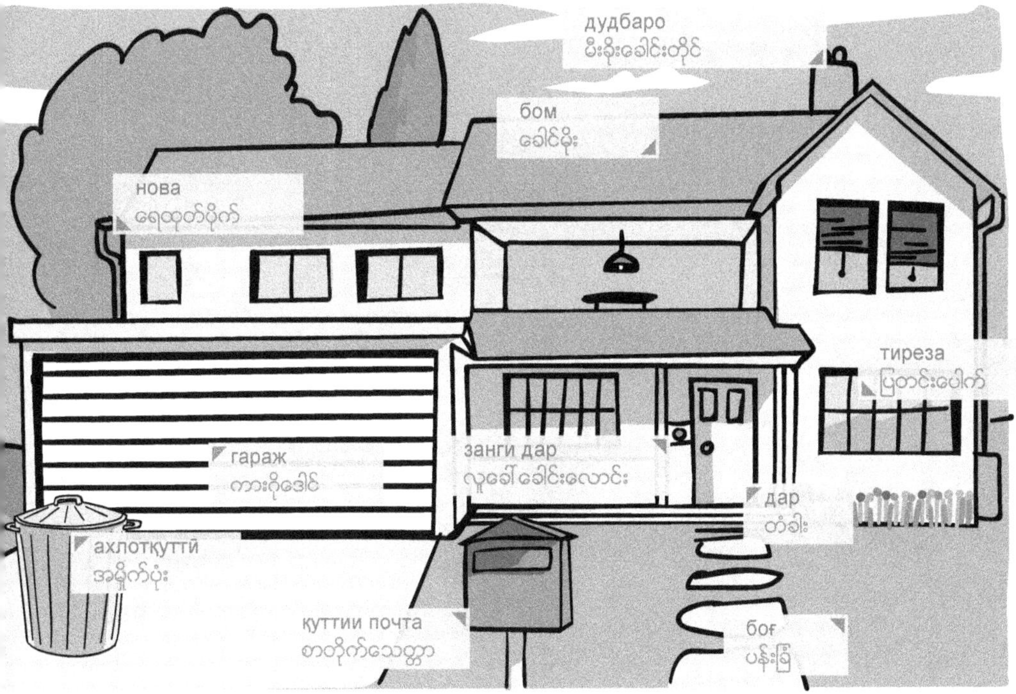

хона
အိမ်

дудбаро
မီးခိုးခေါင်းတိုင်

бом
ခေါင်မိုး

нова
ရေထွက်ပိုက်

тиреза
ပြတင်းပေါက်

гараж
ကားဂိုဒေါင်

занги дар
လူခေါ်ခေါင်းလောင်း

дар
တံခါး

ахлоткутти
အမှိုက်ပုံး

куттии почта
စာတိုက်သေတ္တာ

боғ
ပန်းခြံ

мехмонхона
ဧည့်ခန်း

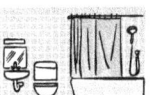

ҳамом
ရေချိုးခန်း

ошхона
မီးဖိုချောင်

хонаи хоб
အိပ်ခန်း

ҳуҷраи кӯдакона
ကလေး အခန်း

ошхона
ထမင်းစားခန်း

хона - အိမ်

31

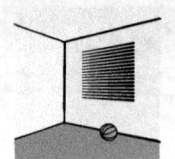

ошёна

ကြမ်းပြင်

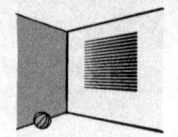

девор

နံရံ

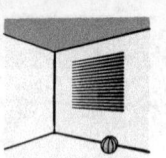

шифт

မျက်နာကြက်

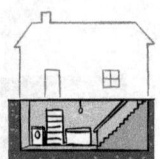

тагзамини

မြေအောက်ခန်း

сауна

ချွေးထုတ်ခန်း

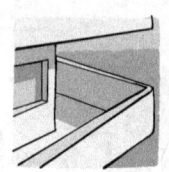

балкон

ဝရန်တာ

суфача

ဝရန်တာ

ҳавз

ရေကူးကန်

мошини алафдарав

မြက်ရိတ်စက်

вараҳ

အချပ်

кампал

အိပ်ယာခင်း

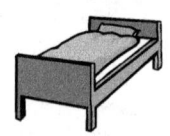

кат

အိပ်ယာ

ҷорӯб

တံမြက်စည်း

сатил

ရေပုံး

калид

မီးခလုတ်

хона - အိမ်

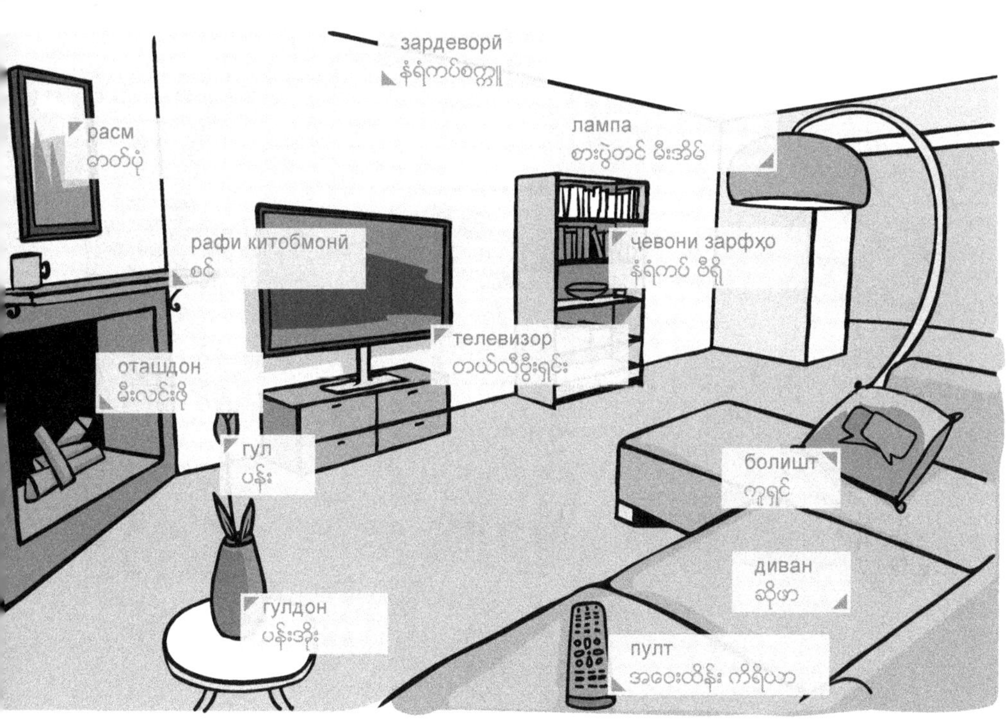

мехмонхона / ည့်ခန်း

қолин
ကော်ဇော

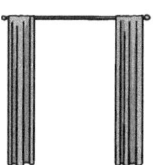

парда
ကန့်လန့်ကာ

мизи
စားပွဲခုံ သို့မဟုတ် ဇယား

курсӣ
ထိုင်ခုံ

rocking кафедраи
ရှေ့နောက် ယိမ်းနိုင်သည့် ထိုင်ခုံ

курсӣ
လက်တင်ထိုင်ခုံ

китоб	курпа	ороиш
စာအုပ်	စောင်	အပြင်အဆင်

ҳезум	филм	дастгоҳи hi-fi
ထင်း	ဖလင် သို့မဟုတ် ရုပ်ရှင်	ဟိုင်ဖိုင် ကိရိယာ

калид	рӯзнома	расм
သော့	သတင်းစာ	ပန်းချီကား

эълон	радио	китобчаи қайдҳо
ပိုစတာ	ရေဒီယို	မှတ်စုစာရွက်အုပ်

чангкашак	кактус	шам
ဖုံစုပ်စက်	ရှားစောင်းပင်	ဖယောင်းတိုင်

мехмонхона - ဧည့်ခန်း

ошхона
မီးဖိုချောင်

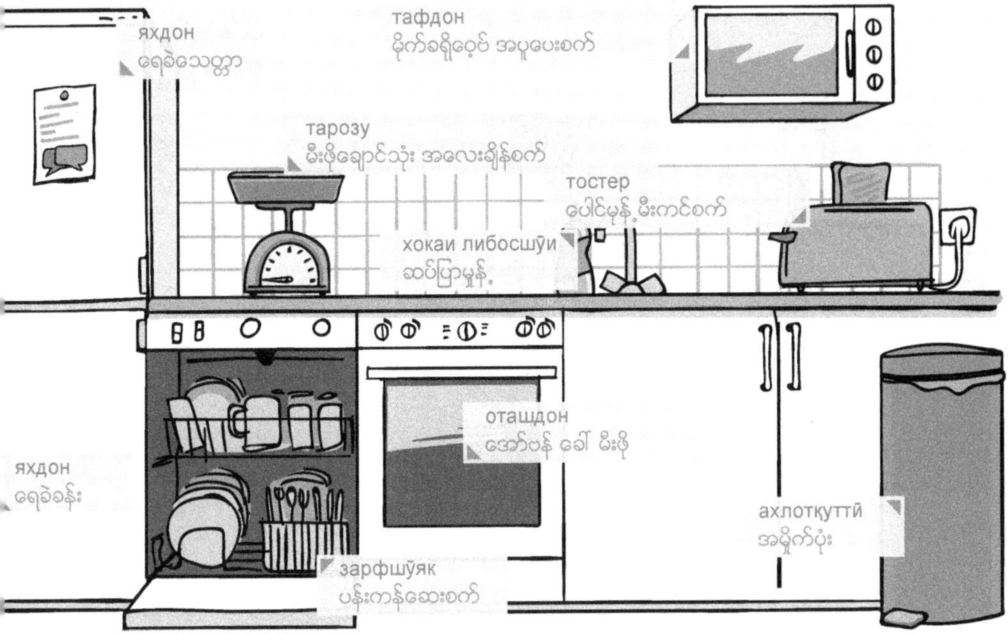

яхдон — ရေခဲသေတ္တာ

тафдон — မိုက်ခရိုဝေ့ဗ် အပူပေးစက်

тарозу — မီးဖိုချောင်သုံး အလေးချိန်စက်

тостер — ပေါင်မုန့် မီးကင်စက်

хокаи либосшӯи — ဆပ်ပြာမှုန့်

яхдон — ရေခဲခန်း

оташдон — အော်ဗန် ခေါ် မီးဖို

ахлоткуттӣ — အမှိုက်ပုံး

зарфшӯяк — ပန်းကန်ဆေးစက်

плита
လျှပ်စစ် ချက်ပြုတ်အိုး

тубак
အိုး

дег
သံအိုးကြီး

дег / кадй
မှုကြော်သည့် ဒယ်အိုးကြီး / ကာဒိုင်

тоба
ဒယ်အိုး

чойник
ရေနွေးတည်သည့်အိုး

ошхона - မီးဖိုချောင်   35

steamer
ပေါင်းစက်

лист
မုန့် ဖုတ်သည့် ပန်း

зарф
ကြွေပန်းကန်ပြား ခွက်ယောက်

кружка
မတ်ခွက်

коса
ဇလုံပန်းကန်

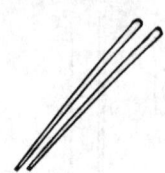

чубаки хурокхӯрӣ
အစားစားသည့်တူများ

кафлези
ယောက်ချို

кафлези ҳамвор
မွှေသည့်အတ်

whisk
ခေါက်တံ

strainer
စစ်သည့် အရာ

элак
စကာ

турбтарошак
ခြစ်သည့်ကိရိယာ

миномет
ပြစ်ဆုံ

Кабоб Кардан
ဘာဘီကျူးကင်

оташ кушод
ထင်းမီးဖို

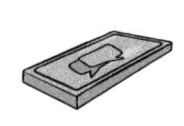

тахтаи резакунӣ
စင်းနီးတုံး

чӯба
လည်နေသောပင်

пӯккашак
ဖော့ဆို့

банка
သံဗူး

консервокушояк
သံဗူးဖောက်တံ

дастак
အိုးတင်သည့်အရာ

дастшӯяк
ရေဆေးသည့် နေရာ

чӯтка
စုပ်တံ

исфанч
ရေမြှုပ်

блендер
မွှေသည့်စက်

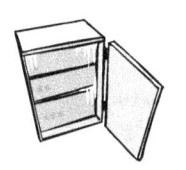

сармодон
အေးခဲသည့် ရေခဲခန်း

шишача
ကလေးနို့ဗူး

чумак
ရေပိုက်ခေါင်း

ошхона - မီးဖိုချောင်

37

ҳамом
ရေချိုးခန်း

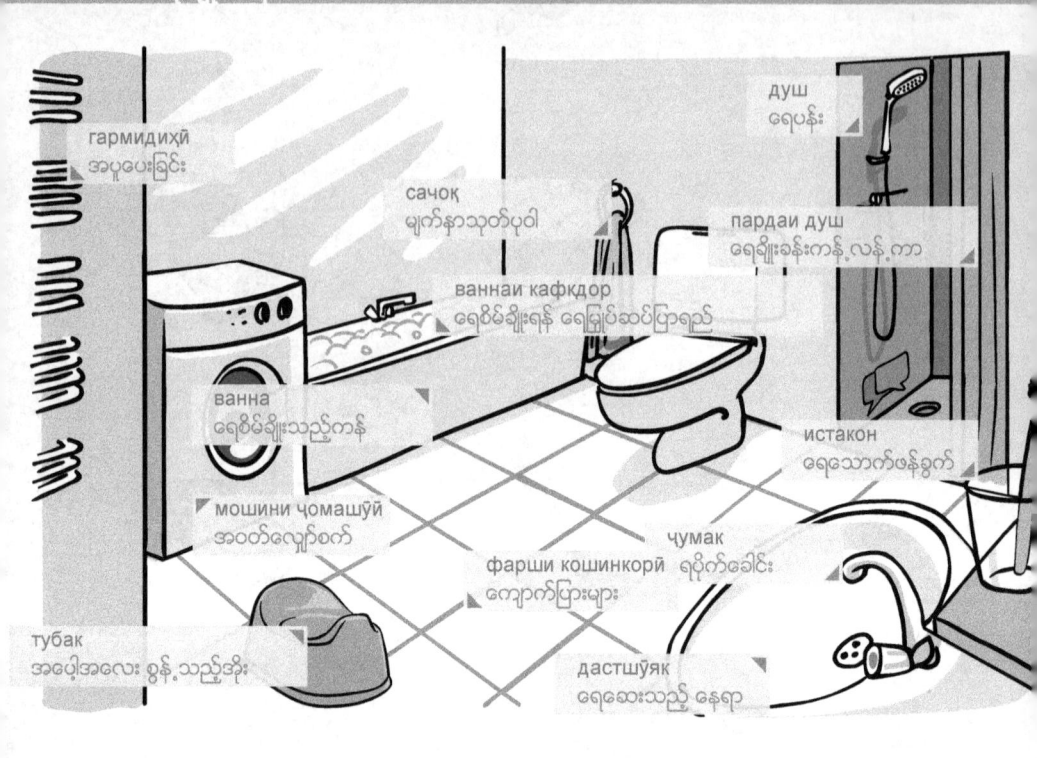

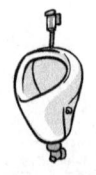

- гармидиҳӣ — အပူပေးခြင်း
- сачоқ — မျက်နှာသုတ်ပုဝါ
- душ — ရေပန်း
- ваннаи кафкдор — ရေမိုးချိုးရန် ရေမြုပ်ဆပ်ပြာရည်
- пардаи душ — ရေချိုးခန်းကန့်လန့်ကာ
- ванна — ရေစိမ်ချိုးသည့်ကန်
- истакон — ရေသောက်ဖန်ခွက်
- мошини ҷомашӯӣ — အဝတ်လျှော်စက်
- чумак — ရေပိုက်ခေါင်း
- фарши кошинкорӣ — ကြွေကပြားများ
- тубак — အပေါ့အလေး စွန့်သည့်အိုး
- дастшӯяк — ရေဆေးသည့် နေရာ

ҳоҷатхона — အိမ်သာ

нишастгоҳи халоҷои рӯйфарши — ဆောင့်ကြောင့်ထိုင်ရေသည့် အိမ်သာ

биде — အမျိုးသမီးသုံး အောက်ပိုင်းဆေးသည့် ကမုတ်

ҳоҷатхонаи мардона — အမျိုးသား ဆီးသွားသည်ကမုတ်

коғази ташноб — အိမ်သာသုံး စက္ကူ

чӯткаи ҳоҷатхона — အိမ်သာတိုက် ဘရပ်ရှ်

38 ҳамом - ရေချိုးခန်း

дандоншӯяк
သွားတိုက်တံ

хамираи дандоншӯи
သွားတိုက်ဆေး

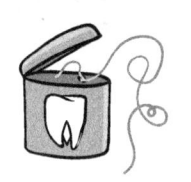

риштаи дандонтозакунӣ
သွား ချေးထုတ်သည့် ကြိုး

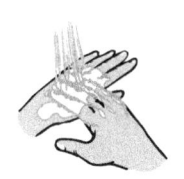

шӯстан
ဆေးကြောသည်

души дастӣ
လက်ကိုင် ရေပန်း

обшӯӣ
ရေပန်းဖြင့်ရေချိုးခြင်း

ҳавза
ရေအင်တုံ

шона кардани мӯй
နောက်ကျော ချေးတွန်းသည့် ဘရပ်ရှ်

собун
ဆပ်ပြာ

гел барои душ
ရေချိုးဆပ်ပြာရည်

шампун
ခေါင်းလျှော်ရည်

бумазӣ
ဖလန်နယ်စ

заҳкаш
ရေထွက်ပေါက်

крем
ခရင်မ်

дезодорант
ဒီအော်ဒရန့်၊ ခေါ် ကိုယ်လိမ်းအမွှေးနံ့သာ

ҳамом - ရေချိုးခန်း

оина မှန်	оинаи дастӣ လက်ကိုင်မှန်	риштарошаки барқи မုတ်ဆိတ်ရိတ်တံ
кафк барои риштарошӣ မုတ်ဆိတ်ရိတ်ရန် အမြှုပ်	оби мушкини баъди риштарошӣ မုတ်ဆိတ်ရိတ်ပြီး လိမ်းသည့်အမွှေးနံ့သာ	шона ခေါင်းဘီး
чӯтка ဘရပ်ရှ်	мӯйхушкунак ဆံပင်ခြောက်စက်	лак барои мӯй ဆံပင်ဖြန်းဆေး
косметика မိတ်ကပ်	лабсурхкунак နှုတ်ခမ်းဆိုးဆေး	лок барои нохун လက်သည်းဆိုးဆေး
пахта ဂွမ်းလုံး	қайчии нохунгирӣ လက်သည်းညှပ် ကပ်ကြေး	атриёт ရေမွှေး

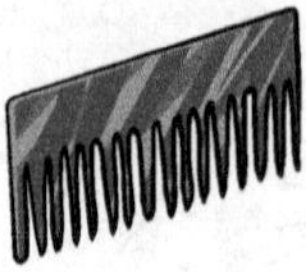

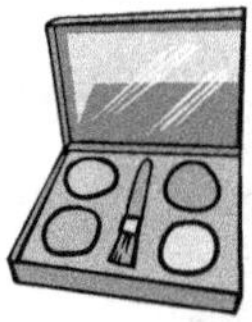

ҳамом - ရေချိုးခန်း

чузвдони косметики	қазои ҳоҷат	тарозу
ရေချိုးခန်းသုံး အိတ်	ခွေးခြေ	ကိုယ်အလေးချိန်တိုင်းသည့်စက်
хилъат	дастпӯшак резина	тампон
ရေချိုးပြီး ဝတ်သည့်ဝတ်ရုံ	ရာဘာ လက်အိတ်များ	တန်ပွန် ခေါ် မွေတာလာစည် မိန်းမကိုယ်တွင်းထည့်သည့်အရာ
дастмоли санитарй	био-ҳоҷатхона	
အမျိုးသမီး လစဉ်သုံးပုဝါစ	ဓာတုပစ္စည်းထည့်သုံးသည့် အိမ်သာ	

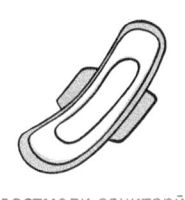

ҳамом - ရေချိုးခန်း

хучраи кӯдакона
ကလေး အခန်း

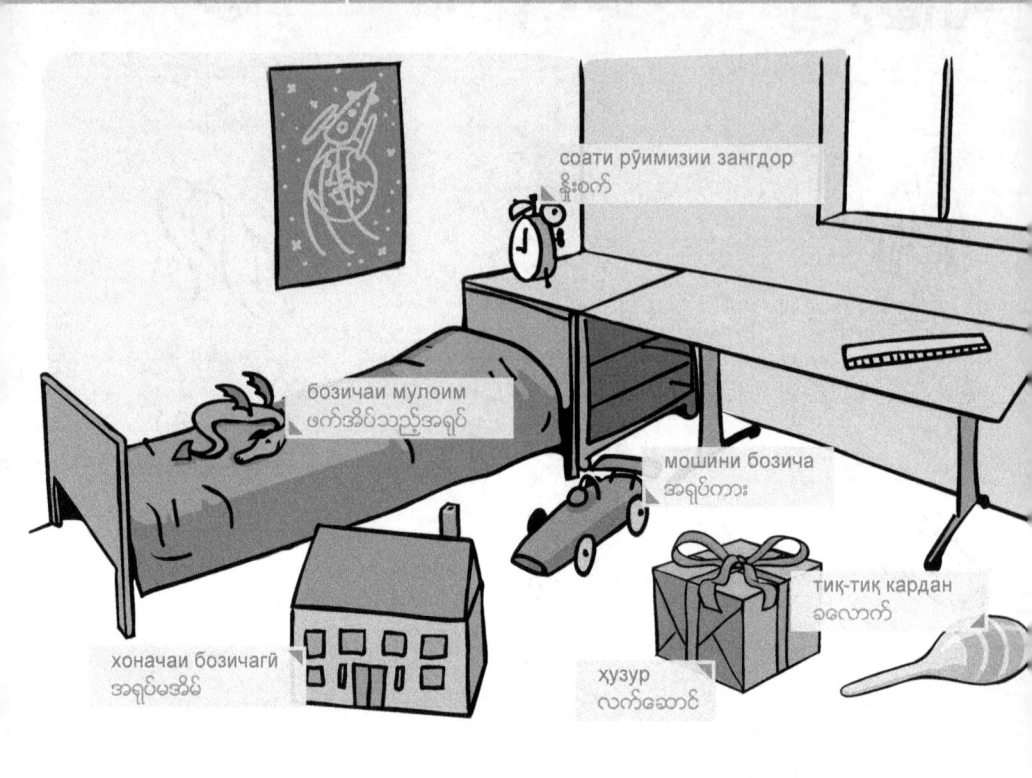

соати рӯимизии зангдор
နိုးစက်

бозичаи мулоим
ဖက်အိပ်သည့်အရုပ်

мошини бозича
အရုပ်ကား

хоначаи бозичагӣ
အရုပ်မအိမ်

тиқ-тиқ кардан
ခလောက်

ҳузур
လက်ဆောင်

пуфак
ပူဖောင်း

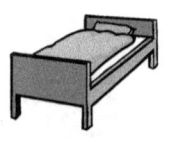

кат
အိပ်ယာ

аробочаи кудакона
ကလေးတွန်းလှည်း

маҷмӯи кортҳо
ကစားသည့်ကတ်ထုပ်

бозии муамоёбӣ
ဂျစ်ဆော ခေါ် ဆက်၍ကစားသည့် အပိုင်းအစများ

комикс
ရုပ်ပြစာအုပ်

хучраи кӯдакона - ကလေး အခန်း

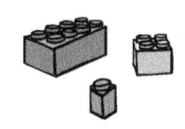

хиштҳои лего	мағозаи бозичафурӯхтан	рақам амал
ဆောက်၍ကစားသည့် လေဂို အတုံးများ	ဆောက်၍ကစားသည့် အတုံးများ	လူပ်ရှားလုပ်ကိုင်သူ
либоси ғаваккашӣ	фрисби	мобилӣ
ဘောဘီဂျိုး	ဖရစ်ဘီး ခေါ် ပစ်၍ ကစားသည့် အပြား	ရွှေ့လျှားနိုင်သော
лавҳачаи бозӣ	кубик	маҷмӯи модели қатора
ဒုတ်ပြားပေါ်တွင် ကစားနည်း	အံစာတုံး	ကစားစရာ ရထား အစုံမော်ဒယ်
пистонак	ҳизб	китоби расм
အရုပ်	ပါတီ	ရုပ်ပြစာအုပ်
тӯб	лӯхтак	бози кардан
ဘောလုံး	အရုပ်မ	ကစားသည်

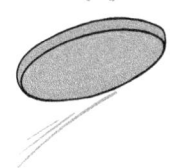

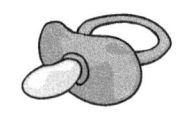

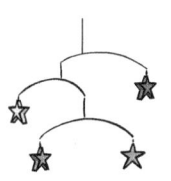

ҳучраи кӯдакона - ကလေး အခန်း

куттии рег
ကစားသည့် သဲပုံး

арғунчак
ဒန်း

бозича
အရုပ်များ

консоли бозихои видеои
ဗွီဒီယိုဂိမ်းကစားသည့် စက်

велосипеди сечарха
သုံးဘီး စက်ဘီး

хирсаки бахмалии патдор
တက်ဒီ ဝက်ဝံရုပ်

чевон
အဝတ်ဗီရို

либос
အဝတ်အစား

чуроб
ခြေအိတ်များ

чуроби соқбаланд
အမျိုးသမီးဝတ် ခြေအိတ်ရှည်

колготки
အမျိုးသမီး ခြေအိတ်အကြပ်

လိဘော့စ် - အဝတ်အစား

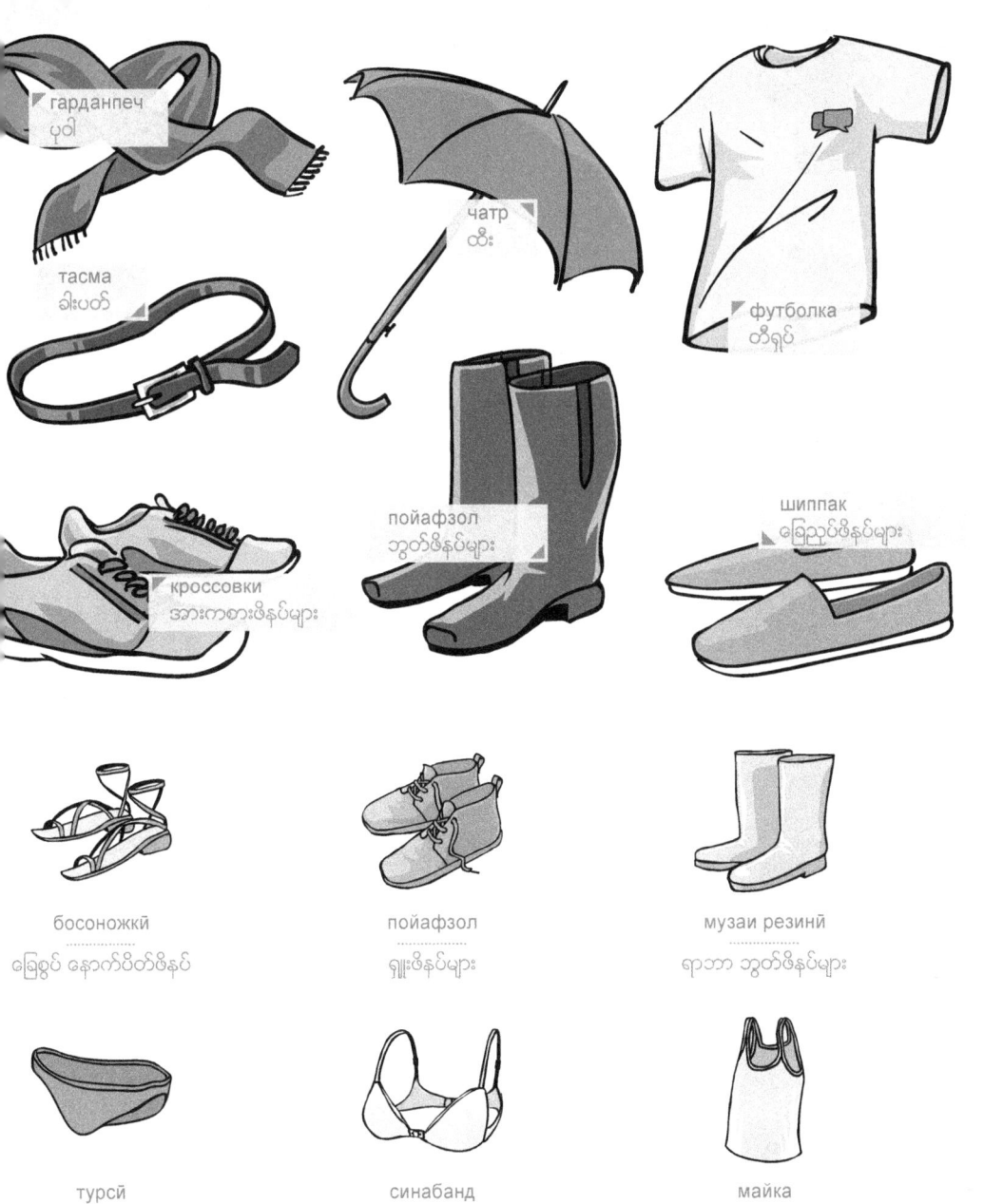

гарданпеч ပုဝါ	чатр ထီး	футболка တီရှပ်
тасма ခါးပတ်		
кроссовки အားကစားဖိနပ်များ	пойафзол ဘွတ်ဖိနပ်များ	шиппак ခြေညပ်ဖိနပ်များ
босоножкӣ ခြေစွပ် နောက်ပိတ်ဖိနပ်	пойафзол ရှူးဖိနပ်များ	музаи резинӣ ရာဘာ ဘွတ်ဖိနပ်များ
турсӣ အောက်ခံ အဝတ်များ	синабанд ဘရာဇီယာ	майка အပေါ်ထပ် လက်ပြတ်အကျႌ

либос - အဝတ်အစား

бадан ကိုယ်ခန္ဓာ	шим ဘောင်းဘီရှည်	чинс ဂျင်းဘောင်းဘီ
юбка စကပ်	куртаи нимтаи занона ဘလောက်စ်အကျႌ	курта ရှပ်အကျႌ
свитер ခေါင်းစွပ်အကျႌ	свитер ခေါင်းစွပ်ပါ အကျႌ	пиҷак ဘလေဇာကုတ်အကျႌ
нимтана ဂျက်ကတ်အကျႌ	палто ကုတ်အကျႌ	плаш မိုးကာ ကုတ်အကျႌ
костюм ဝတ်စုံ	куртаи занона ဂါဝန်	либос тӯйи လက်ထပ် ဝတ်စုံ

либос - အဝတ်အစား

костюм	куртаи хоб	пижама
အနောက်တိုင်းဝတ်စုံပြည့်	ညအိပ်အကျီ	ညအိတ်ဝတ်စုံ
Сари	рӯймол	салла
ဆာရီ	ခေါင်းအုပ်ပုဝါ	တာဘန် ခေါ် ခေါင်းပေါင်း
ниқобу	кафтан	абая
ဘာကာခေါ် အမျိုးသမီးခေါင်းအုပ်	ကာဖ်တန် ခေါ် အမျိုးသားဝတ်ဘောင်းဘီ	အာဘာယာ ခေါ် မွတ်ဆလင် အမျိုးသမီးဝတ်အကျီ
либоси обозӣ	эзорчаи шиноварии мардона	шорти
ရေကူးဝတ်စုံ	အဝတ်သေတ္တာ	ဘောင်းဘီတို
либоси варзишӣ	пешбанд	дастпӯшак
အားကစားဝတ်စုံ	ခါးစည်း အဝတ်	လက်အိတ်များ

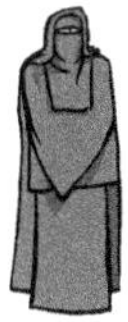

тугма ကြယ်သီး	айнак မျက်မှန်	дастпона လက်ကောက်
гарданбанд လည်ဆွဲ	ангуштарин လက်စွပ်	гӯшвора နားကပ်
кулоҳ ခေါင်းဆောင်း ဦးထုပ်	либосовезак ကုတ်အကျႌ ချိတ်	кулоҳ ဦးထုပ်
галстук နက်တိုင်	занҷирак ဇစ်	тоскулоҳ ဟဲလ်မက်ခေါ် ခေါင်းဆောင်း
шимбардор သွားထိန်းများ	либоси мактабӣ ကျောင်းဝတ်စုံ	либоси ယူနီဖောင်းဝတ်စုံ

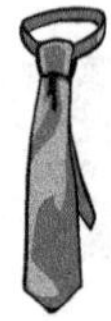

либос - အဝတ်အစား

пешгир
သွားရည်ခံ

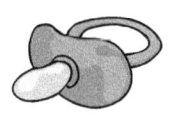

пистонак
အရုပ်

подгузник
ကလေးအနီး

идора
ရုံးခန်း

- сервер — ဆာဗာ
- чевони хуччатмонӣ — ဖိုင်ထည့်သည့် ဒီရိ
- принтер — ပရင်တာ
- коғаз — စာရွက်
- монитор — မော်နီတာ
- мизи хатнависӣ — စာရေးစားပွဲခုံ
- мушак — မောက်စ်
- чузъгир — စာရွက်ထည့်သည့် ခေါက်ဖိုင်
- клавиатура — ကီးဘုတ်
- сабади партофхои коғазӣ — အမှိုက်စက္ကူပုံး
- копютер — ကွန်ပြူတာ
- курсӣ — ထိုင်ခုံ

кружкаи қаҳванӯшӣ
ကော်ဖီ မတ်ခွက်

калкулятор
ဂဏန်းတွက်စက်

интернет
အင်တာနက်

идора - ရုံးခန်း   49

ноутбук	**мактуб**	**хабар**
ပေါင်ပေါ် တင်ရိုက်နိုင်သည့် ကွန်ပျူတာ	စာ	မက်ဆေ့ချ်
телефони мобилӣ	**шабака**	**нусхабардор**
မိုဘိုင်းဖုန်း	ကွန်ရက်	မိတ္တူကူးစက်
нармафзор	**телефон**	**розетка**
ဆော့ဖ်ဝဲရ်	တယ်လီဖုန်း	ပလပ်ပေါက်
факс	**шакл**	**ҳуҷҷат**
ဖက်စ်ပို့သည့် စက်	ပုံစံ	စာရွက်စာတမ်း

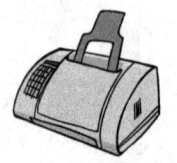

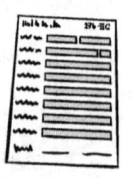

идора - ရုံးခန်း

иқтисодиёт
စီးပွားရေး

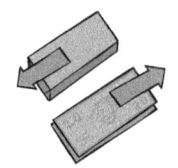

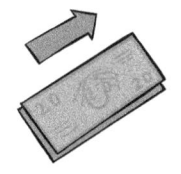

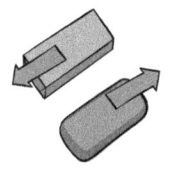

харидан	пардохт	савдо
ဝယ်ယူသည်	ပေးအပ်သည်	ကုန်သွယ်သည်

USD

пул	доллар	евро
ပိုက်ဆံ	ဒေါ်လာ	ယူရိုငွေ

JPY **RUB** **CHF**

йен	рубл	франки швейцариягӣ
ယန်းငွေ	ရူဘယ်ငွေ	ဆွစ်ဇာလန်နိုင်ငံသုံးငွေ

CNY **INR** ATM

юан	рупй	нуқтаи нақд
ရှမ်မင်ဘီ ယွမ်	ရူပီး	ငွေချေသည့်နေရာ

иқтисодиёт - စီးပွားရေး

нуқтаи мубодилаи асъор	тилло	нуқра
ငွေလဲဌာန	ရွှေ	ငွေ
равғани растанӣ	энерги	нарх
ဆီ	စွမ်းအင်	ဈေးနှုန်း
шартнома	андоз	саҳмия
စာချုပ်	အခွန်	စတော့ဈေးကွက်
кор	хизматчӣ	соҳибкор
အလုပ်လုပ်သည်	ဝန်ထမ်း	အလုပ်ရှင်
завод	сехи	
စက်ရုံ	ဆိုင်	

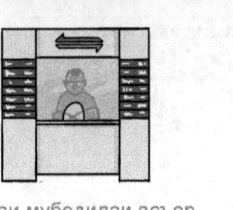

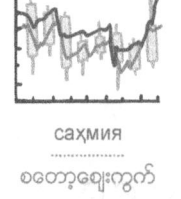

52 иқтисодиёт - စီးပွားရေး

касбҳо
အလုပ်အကိုင်များ

корманди полис — ရဲအရာရှိ

сӯхторхомушкун — မီးသတ်သမား

ошпаз — စားဖိုမှူး

духтур — ဆရာဝန်

халабон — ပိုင်းလော့

боғбон
မာလီ

чӯбтарош
လက်သမား

дӯзанда
စက်ချုပ်သူ

судя
တရားသူကြီး

кимиёшинос
ဓာတုဗေဒပညာရှင်

актер
သရုပ်ဆောင်

касбҳо - အလုပ်အကိုင်များ 53

ронандаи автобус	таксист	моҳигир
ဘတ်စ်ကားမောင်းသမား	တက်ကစီမောင်းသူ	ငါးဖမ်းသမား
фаррошзан	устои бомпӯш	пешхизмат
သန့်ရှင်းရေး အလုပ်သမ	အမိုးပြင်သူ	စားပွဲထိုး
шикорчӣ	рассом	нонвой
အမဲလိုက်မှုဆိုး	ဆေးသုတ်သမား သို့ မဟုတ် ပန်းချီဆရာ	မုန့် ဖုတ်သမား
барқ	сохтмончӣ	инженер
လျှပ်စစ်ပညာရှင်	ဆောက်လုပ်ရေးသမား	အင်ဂျင်နီယာ
қассоб	устои шабакаи об	хаткашон
သားသတ်သမား	ပိုက်ဆက်ဆရာ	စာပို့သမား

касбхо - အလုပ်အကိုင်များ

сарбоз စစ်သား	**меъмор** ဗိသုကာပညာရှင်	**кассир** ငွေကိုင်
гулфурӯш ပန်းပညာရှင်	**сартарош** ဆံပင်အလှပြင်သူ	**кондуктор** လက်မှတ်စစ်
механик စက်ပြင်ဆရာ	**капатан** ကပ္ပိတန်	**духтури дандон** သွားဘက်ဆိုင်ရာ ဆရာဝန်
олим သိပ္ပံပညာရှင်	**хохом** ရာဘိုင်	**имом** မွတ်ဆလင် တရားဟောဆရာ
шайх ဘုန်းကြီး	**саркоҳин** တရားဟောဆရာ	

касбҳо – အလုပ်အကိုင်များ

асбобхо
ကိရိယာ တန်ဆာပလာများ

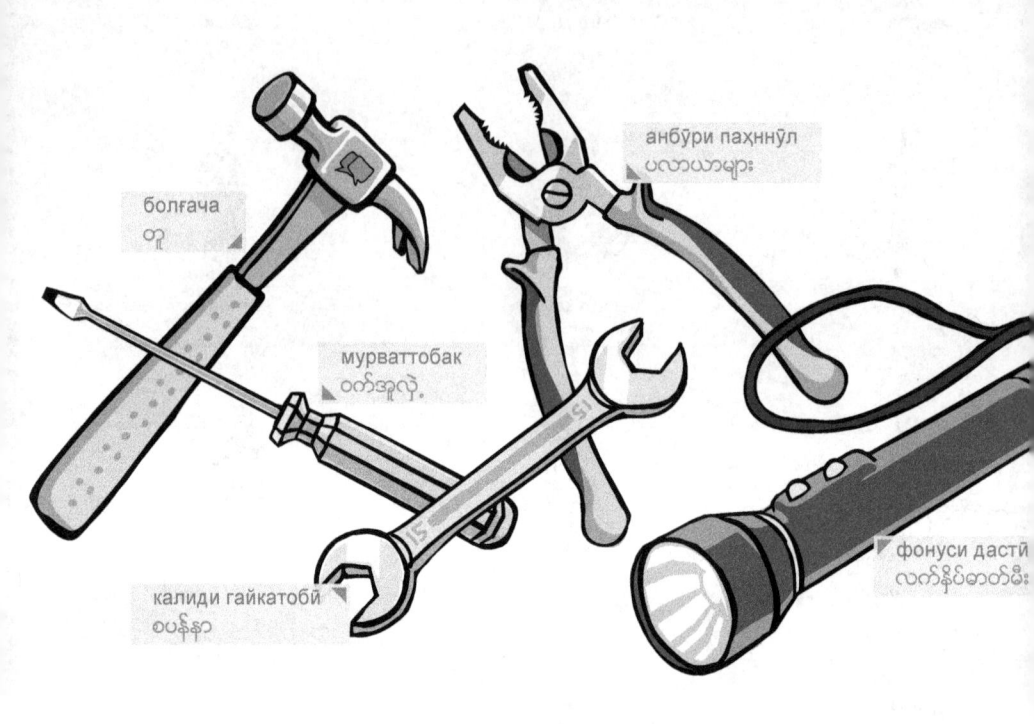

- болғача — တူ
- анбӯри паҳннӯл — ပလာယာများ
- мурваттобак — ဝက်အူလှဲ့
- калиди гайкатобӣ — စပန်နာ
- фонуси дастӣ — လက်နှိပ်ဓာတ်မီး

экскаватор	қутии асбобхо	зинапоя
မြေတူးစက်	လက်သမားသုံးကိရိယာသေတ္တာ	လှေကား
арра	мехҳо	пармаи электрикӣ
လွှ	လက်သည်းများ	အပေါက်ဖောက်စက်

таъмир
ပြင်ဆင်သည်

бел
ဂေါ်ပြား

Сабил монад!
ချိုးတဲ့မှပဲ

белчаи хокрӯбагирӣ
ဖုန်ကျုံးသည့် ဂေါ်ပြား

сатили ранг
ဆေးရောင်အိုး

мехи печдор
ဝက်အူများ

асбобҳои мусиқӣ
ဂီတတူရိယာများ

динамик
အသံချဲ့စက်

асбоби нақоразанӣ
ဒရမ် အစုံ

гитара
ဂီတာ

контрабас
နှစ်ထပ် ဘော်စ်ဂီတာ

карнай
တံပိုး တူရိယာ

асбобҳои мусиқӣ - ဂီတတူရိယာများ

57

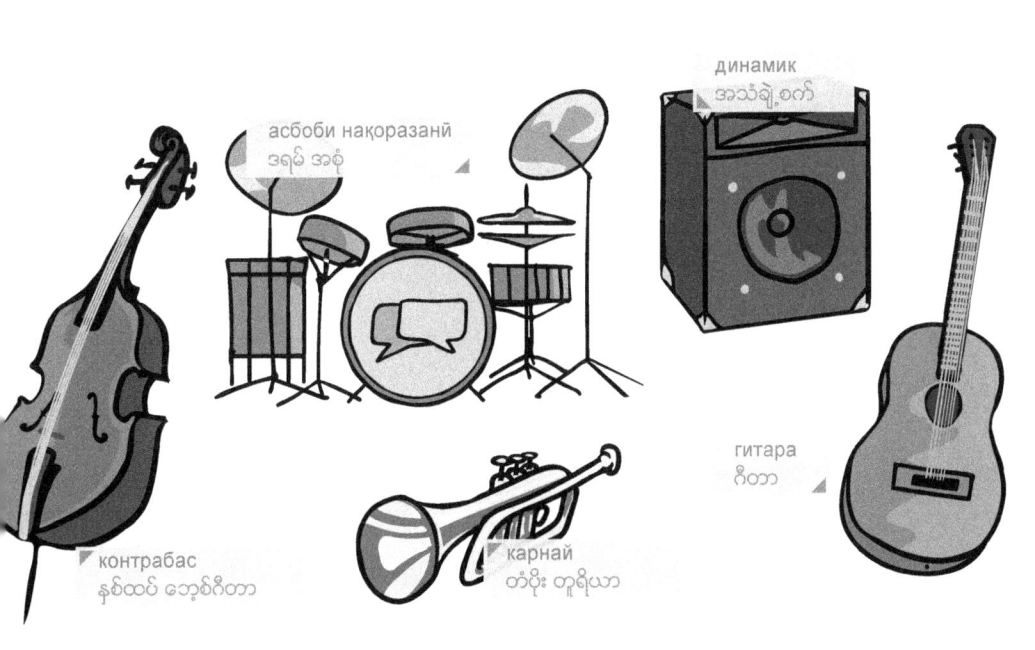

пианино	ғиччак	бас-гитара
စန္တယား	တယော	ဘော့စ်ဂီတာ
нақораи поядор	нақора	клавиатура
နားစည်အမွေးပါး	ဒရမ်များ	ကီးဘုတ် တူရိယာ
саксофон	най	баландгӯяд
ဆက်ဆိုဖုန်း ခေါ် လေမှုတ်တူရိယာ	ပုလွေ	စကားပြောစက်

асбобҳои мусиқӣ - ဂီတတူရိယာများ

боғи ҳайвонот
တိရိစ္ဆာန်ရုံ

даромад — ဝင်ပေါက်

паланг — ကျား

қафас — လှောင်အိမ်

гӯрхар — မြင်းကျား

хӯроки чорво — တိရိစ္ဆာန် အစားအစာ

панда — ပင်ဒါ ဝက်ဝံ

ҳайвонот — တိရိစ္ဆာန်များ

фил — ဆင်

кенгуру — သားပိုက်ကောင်

каркадан — ကြံ့

горилла — ဂေါရီလာမျောက်

хирси бӯр — ဝက်ဝံ

боғи ҳайвонот — တိရိစ္ဆာန်ရုံ

59

шутур	шутурмурғ	шер
ကုလားအုတ်	ငှက်ကုလားအုတ်	ခြင်္သေ့

маймун	бутимор	тӯтӣ
မျောက်	ဖလန်မင်းဂိုးငှက်	ကြက်တူရွေး

хирси сафед	пингвин	наҳанг
ဝံလာဝက်ဝံ	ပင်ဂွင်းငှက်	ငါးမန်း

товус	мор	тимсоҳ
ဥဒေါင်းငှက်	မြွေ	မိချောင်း

посбон	сил	ягуар
တိရိစ္ဆာန်ရုံ ထိန်းသိမ်းသူ	ဖျံ	ကျားသစ်

боғи ҳайвонот - တိရိစ္ဆာန်ရုံ

аспи кӯтоҳқад	леопард	баҳмут
ပိုနီမြင်း	ကျားသစ်	ရေမြင်း
заррофа	уқоб	хуки ваҳшӣ
သစ်ကုလားအုတ်	သိန်းငှက်	တောဝက်
моҳӣ	сангпушт	морж
ငါး	လိပ်	ပင်လယ်ဖျံကြီး
рӯбоҳ	ғизол/оҳу	
မြေခွေး	ဦးချိုပါ သမင်ညိုတစ်မျိုး	

боғи ҳайвонот - တိရိစ္ဆာန်ရုံ

варзиш
အားကစားများ

футболи амрикои — အမေရိကန် ဖွပ်ဘော

велосипедронӣ — စက်ဘီးစီးခြင်း

теннис — တင်းနစ်ရိုက်ခြင်း

баскетбол — ဘတ်စကက်ဘော

шиноварӣ — ရေကူးခြင်း

бокс — လက်ဝှေ့

хоккей — ရေခဲပြင် ဟော်ကီ

футбол — ဘောလုံးကန်ခြင်း

бадминтон — ကြက်တောင်ရိုက်ခြင်း

атлетика — ကိုယ်လက်လှုပ်ရှား အားကစားများ

гандбол — ဟန်းဒ်ဘော ခေါ် လက်ပစ်ဘော

лижаронӣ — နှင်းလျှောစီးခြင်း

тӯббозӣ бо асп — ပိုလို

62 варзиш - အားကစားများ

фаъолият
လုပ်ရှားမှုများ

паридан — ခုန်သည်
оғӯш гирифтан — ပွေ့ဖက်သည်
ханда — ရယ်မောသည်
пиёда рафтан — လမ်းလျှောက်သည်
шеър хондан — သီချင်းဆိုသည်
ибодат кардан — ဆုတောင်းသည်
бӯса кардан — နမ်းရှုပ်သည်
орзӯ кардан — အိပ်မက်သည်

навиштан — စာရေးသည်
кашидан — ရေးဆွဲသည် 
нишон додан — ပြသည် 
тела додан — တွန်းသည်
додан — ပေးသည် 
гирифтан — ယူသည် 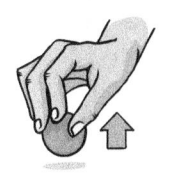

фаъолият - လုပ်ရှားမှုများ

доранд	кор	бошад
ရှိသည်	ပြုလုပ်သည်	ဖြစ်သည်

истодан	давидан	кашидан
မတ်တပ်ရပ်သည်	ပြေးသည်	ဆွဲသည်

партофтан	афтидан	дароз кашидан
ပစ်သည်	လဲကျသည်	လိမ်လည်သည်

интизор шудан	бардошта бурдан	нишастан
စောင့်ဆိုင်းသည်	သယ်ဆောင်သည်	ထိုင်သည်

либос пӯшидан	хобин	бедор шудан
အဝတ်အစားဝတ်သည်	အိပ်သည်	အိပ်ယာမှ ထသည်

фаъолият - လှုပ်ရှားမှုများ

нигоҳ кардан	гиря кардан	сила кардан
တစ်ခုခုကို ကြည့်ရှုသည်	ငိုသည်	ပွတ်သပ်သည်

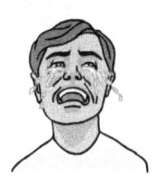

шона	гап задан	фаҳмидан
ဘီးဖီးသည်	စကားပြောသည်	နားလည်သည်

пурсидан	гӯш кардан	нӯштдан
မေးသည်	နားထောင်သည်	သောက်သည်

хӯрдан	ғундоштан	ишқ
စားသည်	သပ်ရပ်အောင်လုပ်သည်	ချစ်သည်

ошпаз	рондан	парвоз кардан
ချက်ပြုတ်သည်	မောင်းသည်	ပျံသန်းသည်

фаъолият - လုပ်ရှားမှုများ

бо бодбон ҳаракат кардан ရွက်လွှင့်သည်	ҳисоб кардан တွက်ပါ	хондан ဖတ်သည်
омӯхтан သင်ယူသည်	кор အလုပ်လုပ်သည်	оиладор шудан လက်ထပ်သည်
дӯхтан အပ်ချုပ်သည်	дадон шӯстан သွားတိုက်သည်	куштан သတ်သည်
дуд ဆေးလိပ်သောက်သည်	фиристодан ပို့သည်	

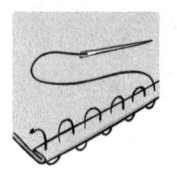

оила
မိသားစု

- биби / အဖွား
- бобо / အဖိုး
- падар / ဖခင်
- модар / မိခင်
- кӯдак / ကလေး
- хоҳар / သမီး
- писар / သား

меҳмон / ဧည့်သည်

хола / အဒေါ်

амак / ဦးလေး

бародар / အစ်ကို

хоҳар / အစ်မ

оила - မိသားစု   67

бадан
ကိုယ်ခန္ဓာ

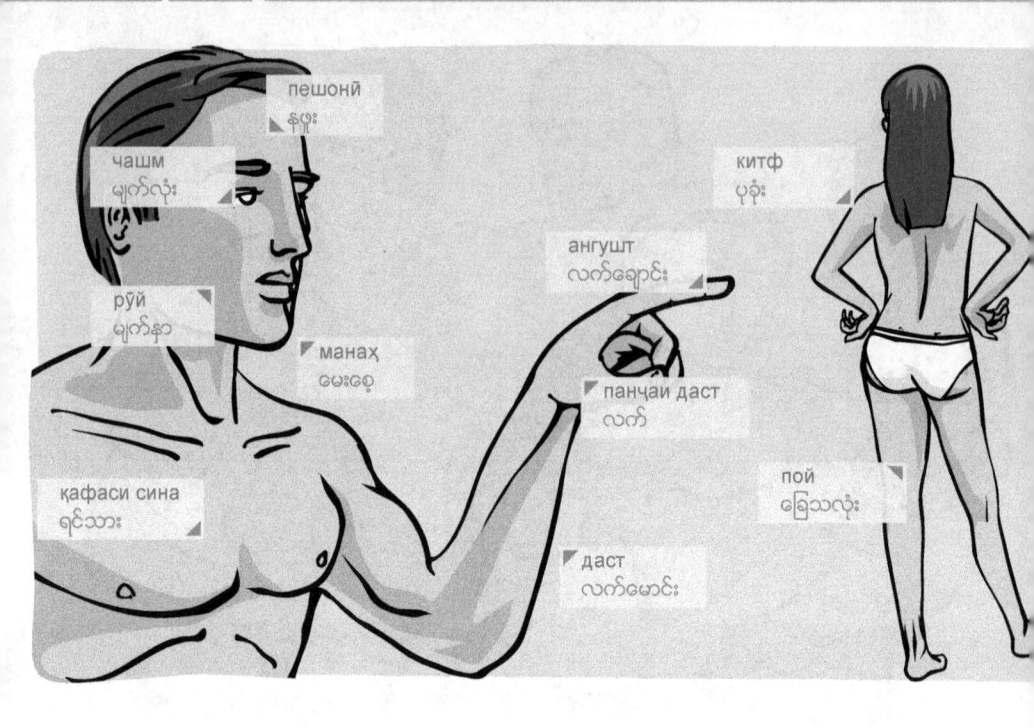

- пешонӣ / နဖူး
- чашм / မျက်လုံး
- рӯй / မျက်နှာ
- манах̣ / မေးစေ့
- қафаси сина / ရင်သား
- ангушт / လက်ချောင်း
- панҷаи даст / လက်
- даст / လက်မောင်း
- китф / ပုခုံး
- пой / ခြေသလုံး

кӯдак / ကလေး

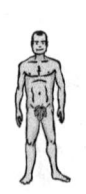

мард / ယောက်ျားကြီး

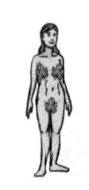

зан / အမျိုးသမီးကြီး

духтар / မိန်းကလေး

писар / ယောက်ျားလေး

сар / ဦးခေါင်း

68 бадан - ကိုယ်ခန္ဓာ

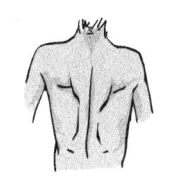

пушт နောက်ကျော	шикам ဗိုက်	ноф ချက်
ангушти пой ခြေချောင်း	пошнаи пой ဖနောင့်	устухон အရိုး
рон တင်ရိုး	зону ဒူးခေါင်း	оринҷ တံတောင်ဆစ်
бинӣ နာခေါင်း	таг တင်ပါး	пӯст အရေပြား
рухсора ပါးပြင်	гӯш နား	лаб နှုတ်ခမ်း

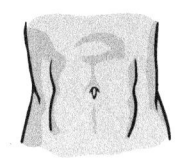

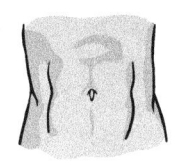

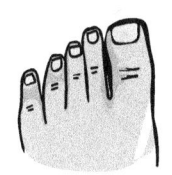

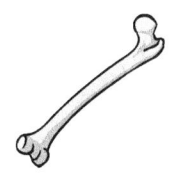

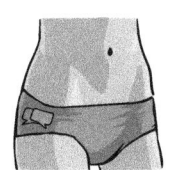

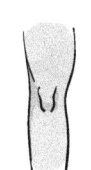

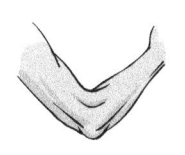

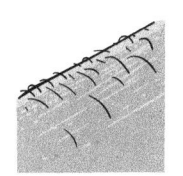

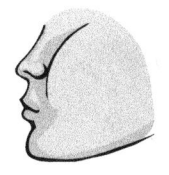

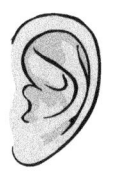

бадан - ကိုယ်ခန္ဓာ

даҳон ပါးစပ်	дадон သွား	забон လျှာ
майнаи сар ဦးနှောက်	дил နှလုံး	мушак ကြွက်သား
шуш အဆုတ်	ҷигар အသည်း	меъда အစာအိမ်
гурдаҳо ကျောက်ကပ်များ	алоқаи ҷинсӣ လိင်	рифола ကွန်ဒုံး
тухмҳуҷайра သားဥ	нутфа သုတ်ရည်	ҳомиладорӣ ကိုယ်ဝန်

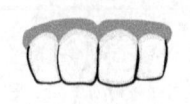

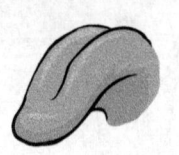

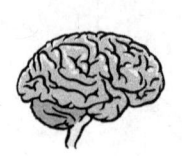

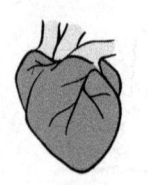

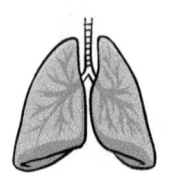

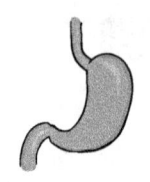

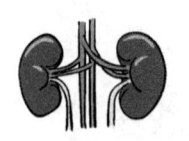

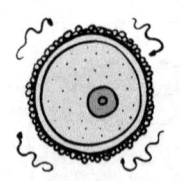

бадан - ကိုယ်ခန္ဓာ

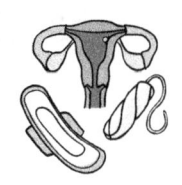

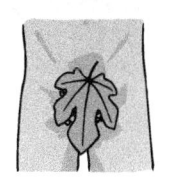

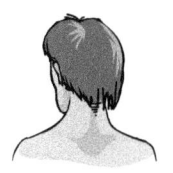

ҳайз	маҳбал	кер
မွေတာလာခြင်း	မိန်းမကိုယ်	လိင်တံ
абрӯ	мӯй	гардан
မျက်ခုံး	ဆံပင်	လည်ပင်း

бадан - ကိုယ်ခန္ဓာ

бемористон
ဆေးရုံ

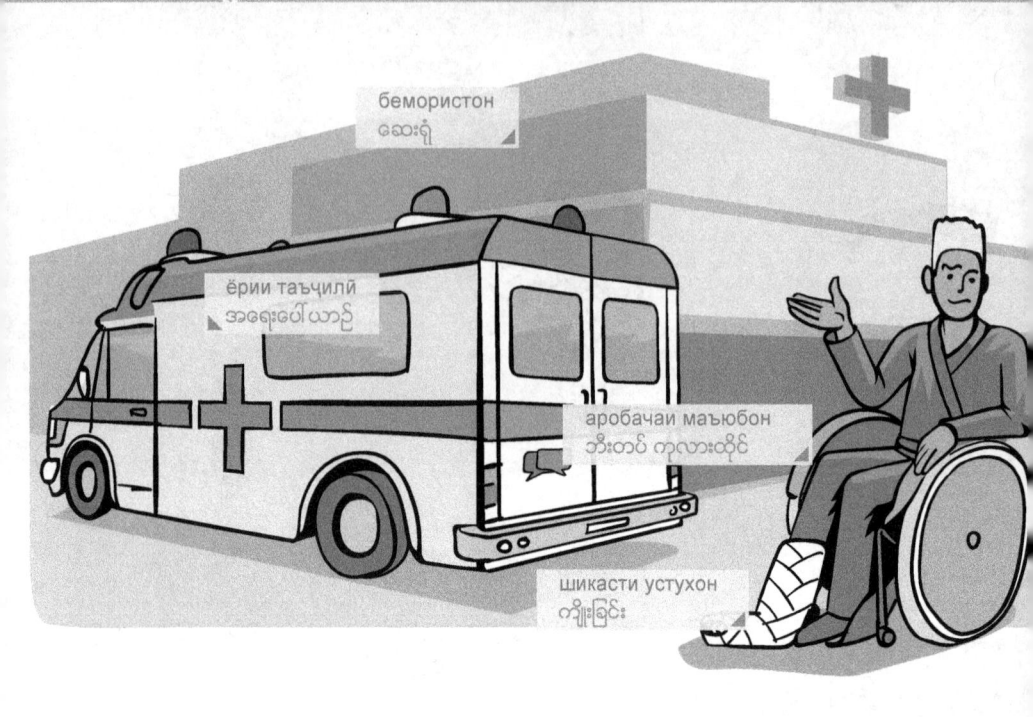

- бемористон / ဆေးရုံ
- ёрии таъчилӣ / အရေးပေါ် ယာဉ်
- аробачаи маъюбон / ဘီးတပ် ကုလားထိုင်
- шикасти устухон / ကျိုးခြင်း

духтур ဆရာဝန်	хуҷраи ёрии фаврӣ အရေးပေါ် ဆေးကုသခန်း	ҳамшираи тиббӣ သူနာပြု
ҳолати фавкулодда အရေးပေါ်	бехуш သတိလစ်ခြင်း	дард နာခြင်း

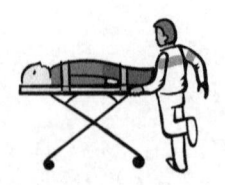

72　　бемористон - ဆေးရုံ

чароҳат ဒက်ရာ	хунравӣ သွေးယိုထွက်ခြင်း	дилзанак နှလုံးရပ်ခြင်း
сактаи майна လေဖြတ်ခြင်း	аллергия ဓာတ်မတည့်ခြင်း	сулфа ချောင်းဆိုးခြင်း
табларза အဖျား	грипп တုတ်ကွေးရောဂါ	шикамравӣ ဝမ်းပျက်ဝမ်းလျှောခြင်း
сардард ခေါင်းကိုက်ခြင်း	саратон ကင်ဆာရောဂါ	диабет ဆီးချိုရောဂါ
чарроҳ ခွဲစိတ်ဆရာဝန်	скалпел ခွဲစိတ်ခန်းသုံးဓါးပါး	чарроҳӣ ခွဲစိတ်ခြင်း

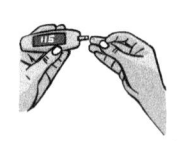

бемористон - ဆေးရုံ

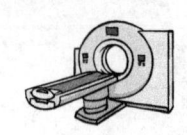

Томографияи компютерӣ စီတီ	**шӯъои рентгенӣ** ဓာတ်မှန်	**ултрасадо** အာထရာေဆာင်း
ниқоби рӯй မျက်နှာဖုံး	**беморӣ** ရောဂါ	**ҳуҷраи интизорӣ** စောင့်ဆိုင်းရန် အခန်း
асобағал ချိုင်းထောက်	**марҳам** ပလာစတာ	**дока** ပတ်တီး
сӯзандору ထိုးဆေး	**стетоскоп** နားကြပ်	**занбар** လူနာတင်ထမ်းစင်
ҳароратсанҷ ကာသရေးပိုင်းသုံး အပူချိန်တိုင်းသာမိုမီတာ	**таваллуд** မွေးဖွားခြင်း	**вазни зиёдатӣ** အဝလွန်ခြင်း

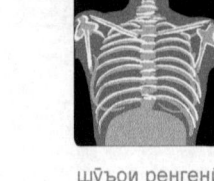

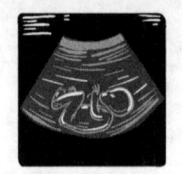

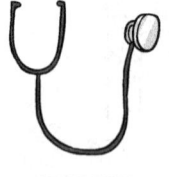

бемористон - ဆေးရုံ

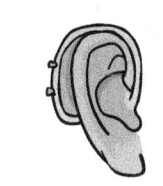

тачхизоти шунавой နားကြားကိရိယာ	моддаи безараргардонӣ ပိုးသတ်ဆေး	инфексия ရောဂါကူးစက်ခြင်း
вирус ဗိုင်းရပ်စ်ပိုး	ВИЧ / СПИД အိတ်ချ်အိုင်ဗွီ / အေအိုင်ဒီအက်စ်	дору ဆေးဝါး
ваксинатсия ကာကွယ်ဆေးထိုးခြင်း	ҳабҳо ဆေးလုံးများ	ҳаб ဆေးလုံး
занги изтирорӣ အရေးပေါ် ဖုန်းခေါ် ဆိုမှု	монитори фишори хун သွေးဖိအား စောင့်ကြည့်သည့် ကိရိယာ	бемор/солим နာမကျန်းသော / ကျန်းမာသော

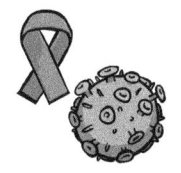

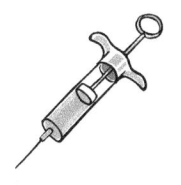

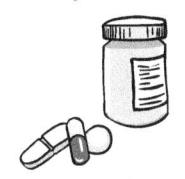

бемористон - ဆေးရုံ

ҳолати фавкулодда
အရေးပေါ်

Кумак! ကူညီကြပါ။	ҳушдор အရေးပေါ် ခေါင်းလောင်း	ҳуҷум ရိုက်နက်သည်
ҳамла တိုက်ခိုက်သည်	хатар အန္တရာယ်	баромадгоҳи таҳлиявӣ အရေးပေါ် ထွက်ပေါက်
Сӯхтор! မီး။	оташнишон မီးသတ်ဖူး	садама မတော်တဆဖြစ်ရပ်
дорукуттӣ ကြက်ခြေနီ ဆေးပုံး	бонги хатар အက်စ်အိုအက်စ်	полис ရဲ

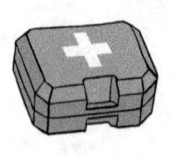

76　　ҳолати фавкулодда - အရေးပေါ်

замин
ကမ္ဘာမြေကြီး

Аврупо
ဥရောပတိုက်

Америкаи Шимолӣ
မြောက်အမေရိကတိုက်

Америкаи Ҷанубӣ
တောင်အမေရိကတိုက်

Африка
အာဖရိကတိုက်

Осиё
အာရှတိုက်

Австралия
ဩစတြေးလျတိုက်

Уқёнуси Атлантик
အတ္တလန္တိတ် သမုဒ္ဒရာ

Уқёнуси Ором
ပစိဖိတ် သမုဒ္ဒရာ

Уқёнуси Ҳинд
အိန္ဒိယ သမုဒ္ဒရာ

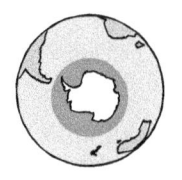

Уқёнуси Антарктика
အန္တာတိတ် သမုဒ္ဒရာ

Уқёнуси Арктика
အာတိတ် သမုဒ္ဒရာ

Қутби шимол
မြောက်ဝင်ရိုးစွန်း

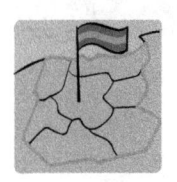

Қутби ҷануб	Антарктика	замин
တောင်ဝင်ရိုးစွန်း	အန္တာတိကတိုက်	ကမ္ဘာမြေကြီး

замин	баҳр	ҷазира
ကုန်းမြေ	ပင်လယ်	ကျွန်း

миллат	давлат
နိုင်ငံကူးလက်မှတ်	ပြည်နယ်

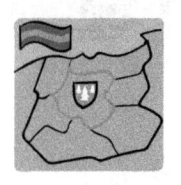

замин - ကမ္ဘာမြေကြီး

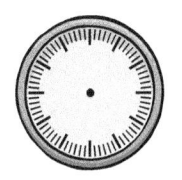

вақт
နာရီ

сиферблат နာရီမျက်နှာပြင်	ақрабаки соат နာရီလက်တံ	ақрабаки дақиқашумор မိနစ်လက်တံ
ақрабаки сонияшумор ဒုတိယလက်တံ	Соат чанд? ဘယ်အချိန်ရှိပြီလဲ။	рӯз ရက်
замон အချိန်	ҳозир ယခု	соати электронӣ ဒစ်ဂျစ်တယ် လက်ပတ်နာရီ
лаҳза မိနစ်	соат နာရီ	

вақт - နာရီ   79

ҳафта
ရက်သတ္တပတ်

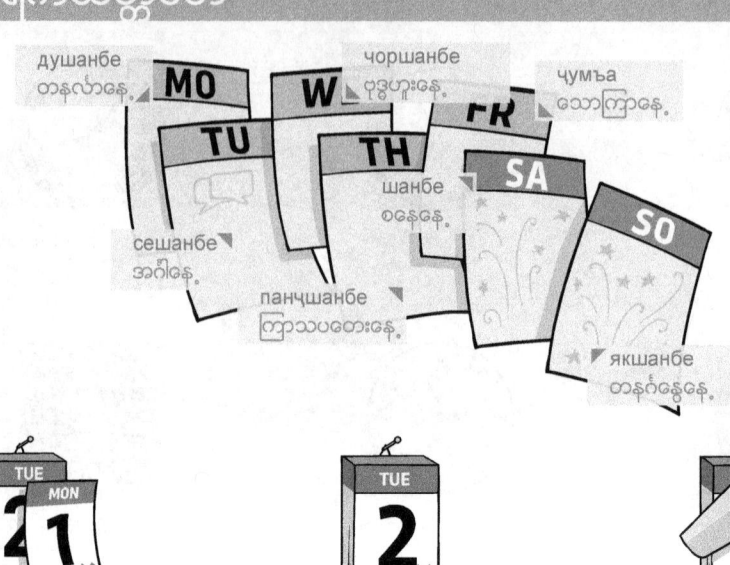

душанбе
တနင်္လာနေ့

чоршанбе
ဗုဒ္ဓဟူးနေ့

ҷумъа
သောကြာနေ့

сешанбе
အင်္ဂါနေ့

шанбе
စနေနေ့

панҷшанбе
ကြာသပတေးနေ့

якшанбе
တနင်္ဂနွေနေ့

дирӯз
မနေ့က

имрӯз
ယနေ့

фардо
မနက်ဖြန်

пагоҳирӯзӣ
မနက်

нимрӯз
နေ့လည်

шом
ညနေ

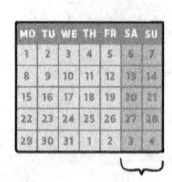

рӯзҳои корӣ
အလုပ်လုပ်ရက်များ

истироҳат
စနေ တနင်္ဂနွေ အားလပ်ရက်

ҳафта - ရက်သတ္တပတ်

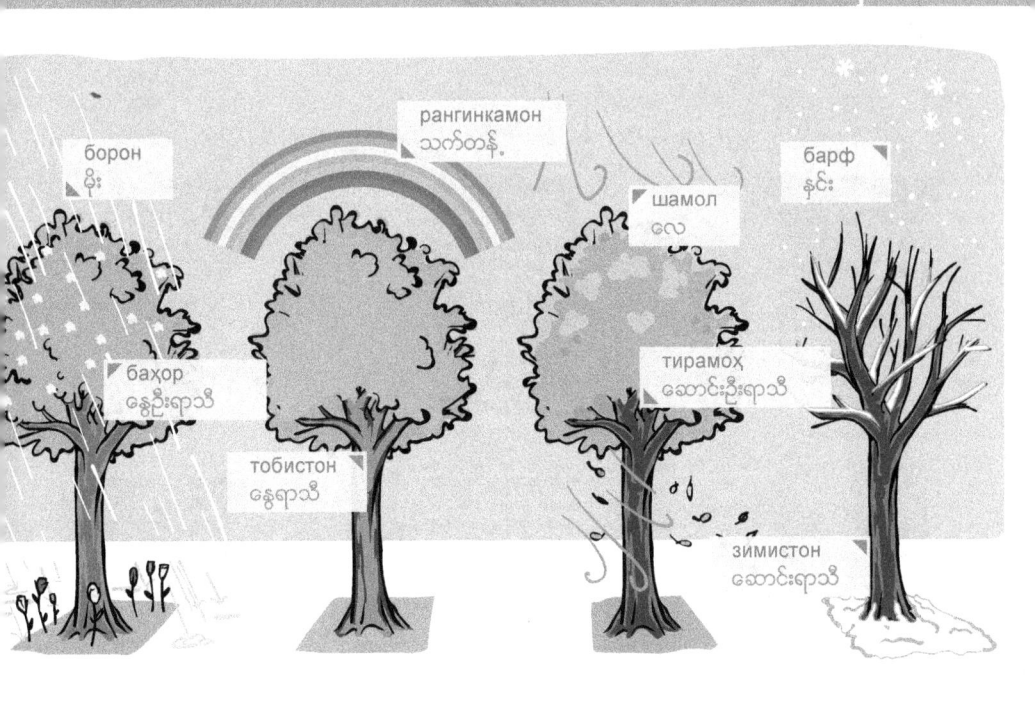

сол
နှစ်

борон / မိုး

рангинкамон / သက်တန့်

шамол / လေ

барф / နှင်း

баҳор / နွေဦးရာသီ

тобистон / နွေရာသီ

тирамоҳ / ဆောင်းဦးရာသီ

зимистон / ဆောင်းရာသီ

4.APRIL	11°
5.APRIL	4°
6.APRIL	13°
7.APRIL	8°
8.APRIL	10°

Обу ҳаво
လေသဝ ကြိုတင်ခန့်မှန်းချက်

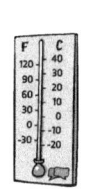

ҳароратсанҷ
အပူချိန်တိုင်း ကိရိယာ

равшании офтоб
နေရောင်ခြည်

абр
တိမ်

туман
မြူ

намнок
စိုထိုင်းဆ

сол - နှစ်

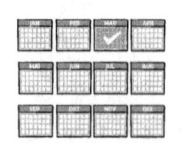

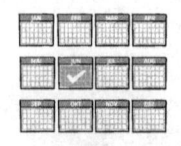

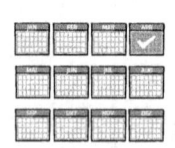

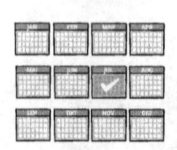

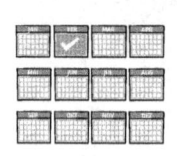

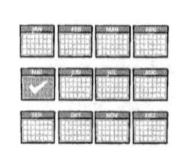

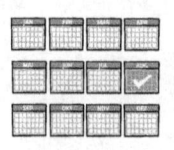

барқ လျှပ်စီးလက်ခြင်း	тундар မိုးကြိုး	тӯфон မုန်တိုင်း
жола မိုးသီး	муссон မိုးရာသီ	обхезӣ ရေကြီးခြင်း
ях ရေခဲ	январ ဇန္နဝါရီလ	феврал ဖေဖော်ဝါရီလ
март မတ်လ	апрел ဧပြီလ	май မေလ
июн ဇွန်လ	июл ဇူလိုင်လ	август သြဂုတ်လ

сол - နှစ်

сентябр
စက်တင်ဘာလ

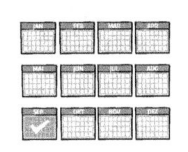

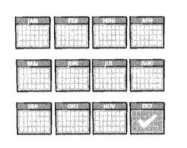

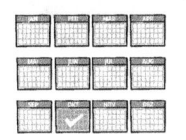

октябр
အောက်တိုဘာလ

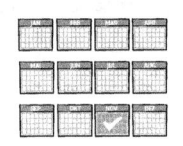

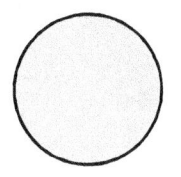

ноябр
နိုဝင်ဘာလ

декабр
ဒီဇင်ဘာလ

баст
ပုံစံများ

давра
စက်ဝိုင်း

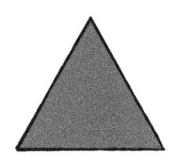

мураббаъ
စတုရန်း

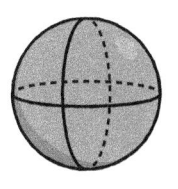

росткунья
ထောင့်မှန်စတုဂံ

секунья
တြိဂံ

соњаи
စက်ဝန်း

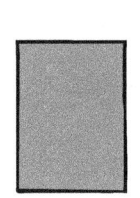

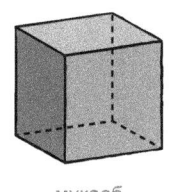

мукааб
အတုံး

баст - ပုံစံများ

рангхо
အရောင်များ

гулобй အဖြူရောင်	хокистаранг အဝါရောင်	зард လိမ္မော်ရောင်
бунафшранг ပန်းရောင်	сурх အနီရောင်	қаҳваранг ခရမ်းရောင်
кабуд အပြာရောင်	сиёҳ အစိမ်းရောင်	кабуд အညိုရောင်
сафед မီးခိုးရောင်	сабз အနက်ရောင်	

рангхо - အရောင်များ

мухолифат
ဆန့်ကျင်ဖက်များ

бисёр/кам
အများအပြား / အနည်းငယ်

хашмгин / ором
စိတ်ဆိုးသော / စိတ်တည်ငြိမ်သော

зебо/безеб
လှပသော / ရုပ်ဆိုးသော

оғозӣ / охирӣ
အစ / အဆုံး

калон/хурд
အကြီးသော / အငယ်

дурахшон / торик
တောက်ပသော / မှောင်မဲသော

бародарӣ / хоҳар
ညီအစ်ကို / ညီအစ်မ

тоза/чиркин
သန့်ရှင်းသော / ညစ်ပတ်သော

пурра / нопурра
ပြည့်စုံသော / မပြည့်စုံသော

рӯзӣ / шаб
နေ့ / ည

мурдагон / зинда
သေသော / ရှင်သော

кушод/танг
ကျယ်သော / ကျဉ်းသော

мухолифат - ဆန့်ကျင်ဖက်များ

хӯрданӣ / хӯрданашаванда
စားသုံးနိုင်သော / မစားသုံးနိုင်သော

бад/нек
စိတ်ယုတ်သော / ကြင်နာသော

ба ҳаяҷон / дилгир
စိတ်လှုပ်ရှားဖွယ် / ပျင်းရိဖွယ်

ғавс/борик
ဝသော / ပိန်သော

якум/охирин
ပထမ / နောက်ဆုံးဝိတ်

Дӯсти / душмани
မိတ်ဆွေ / ရန်သူ

пур/холӣ
အပြည့် / ဘာမှမရှိ

сахт/мулоим
မာသော / ပျော့သော

вазнин/сабук
လေးလံသော / ပေါ့ပါးသော

гуруснагӣ / ташнагӣ
ဆာလောင်သော / ရေဆာသော

бемор/солим
နာမကျန်းသော / ကျန်းမာသော

ғайриқонунӣ / ҳуқуқӣ
တရားမဝင်သော / တရားဝင်သော

соҳибақл / беақл
ဉာဏ်ကောင်းသော / ထိုင်းသော

рост/чап
ဘယ် / ညာ

наздик/дур
နီးသော / ဝေးသော

86   мухолифат - ဆန့်ကျင်ဖက်များ

ави / истифода бурда мешавад အသစ် / အသုံးပြုပြီးသား	ҳеҷ / чизе ဘာမှမရှိ / တစ်ခုခု	пир/ҷавон အသက်ကြီးသော / ငယ်ရွယ်သော
оид / хомӯш ဖွင့်သော / ပိတ်သော	кушода/пӯшида ဖွင့်သော / ပိတ်သော	паст/баланд တိတ်ဆိတ် / ကျယ်လောင်
бой/камбағал ချမ်းသာ / ဆင်းရဲ	дуруст/нодуруст အမှန် / အမှား	дурушт/ҳамвор ကြမ်းတမ်း / ချောမွေ့
ғамгин/хушбахт ဝမ်းနည်း / ဝမ်းသာ	кӯтоҳ/дароз အတို / အရှည်	оҳиста/тез အနေး / အမြန်
тар/хушк စိုသော / ခြောက်သွေ့သော	гарм / сард နွေးထွေးသော / အေးမြသော	ҷанг / сулҳ စစ် / ငြိမ်းချမ်းရေး

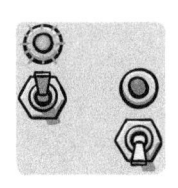

мухолифат - ဆန့်ကျင်ဖက်များ

ададхо
နံပါတ်များ

0
нол
သုည

1
як
တစ်

2
ду
နှစ်

3
се
သုံး

4
чор
လေး

5
панҷ
ငါး

6
шаш
ခြောက်

7
ҳафт
ခုနစ်

8
ҳашт
ရှစ်

9
нӯҳ
ကိုး

10
даҳ
တစ်ဆယ်

11
ёздаҳ
ဆယ့်တစ်

12
дувоздаҳ
ဆယ့်နှစ်

13
сенздаҳ
ဆယ့်သုံး

14
чордаҳ
ဆယ့်လေး

15
понздаҳ
ဆယ့်ငါး

16
шонздаҳ
ဆယ့်ခြောက်

17
ҳабдаҳ
ဆယ့်ခုနှစ်

18
ҳаждаҳ
ဆယ့်ရှစ်

19
нуздаҳ
ဆယ့်ကိုး

20
бист
နှစ်ဆယ်

100
сад
ရာ

1.000
ҳазор
ထောင်

1.000.000
миллион
မီလျံ

забонхо
ဘာသာစကားများ

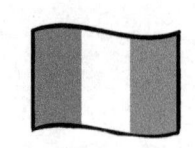

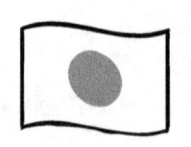

англисӣ	англисии амрикоӣ	мандарини хитой
အင်္ဂလိပ် ဘာသာစကား	အမေရိကန် အင်္ဂလိပ် ဘာသာစကား	တရုတ် မန်ဒရင်း ဘာသာစကား
ҳиндӣ	испанӣ	фаронсавӣ
ဟိန္ဒီ ဘာသာစကား	စပိန် ဘာသာစကား	ပြင်သစ် ဘာသာစကား
арабӣ	русӣ	португалӣ
အာရဗီ ဘာသာစကား	ရုရှ ဘာသာစကား	ပေါ်တူဂီ ဘာသာစကား
бенгалӣ	олмонӣ	ҷопонӣ
ဘင်္ဂလီ ဘာသာစကား	ဂျာမန် ဘာသာစကား	ဂျပန် ဘာသာစကား

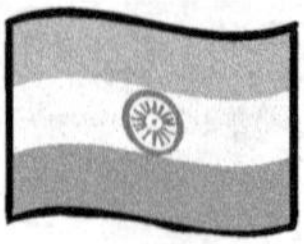

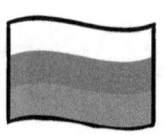

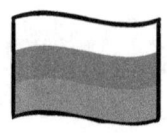

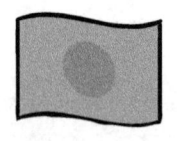

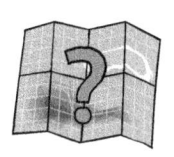

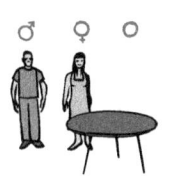

ки / чиро / тавр
ဘယ်သူ / ဘာ / ဘယ်လိုပုံ

ман	**шумо**	**ÿ / вай / он**
ကျွန်ုပ်	သင်	သူ / သူမ / ၎င်း
мо	**шумо**	**онхо**
ကျွန်ုပ်တို့	သင်တို့	သူတို့
ки?	**чй?**	**Чй хел?**
ဘယ်သူလဲ။	ဘာလဲ။	ဘယ်လိုလဲ။
дар кучо?	**кай?**	**ном**
ဘယ်နေရာလဲ။	ဘယ်အချိန်လဲ။	အမည်

дар кучо
ဘယ်နေရာလဲ

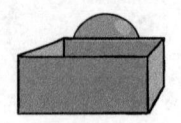

аз паси အနောက်ဖက်	дар အတွင်း	дар пеши အရှေ့ဖက်
дар болои အထက်ဖက်	дар рӯи အပေါ်ဖက်	дар зери အောက်ဖက်
дар назди ဘေးဖက်	миёни ကြား	чой နေရာ

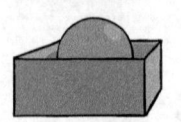

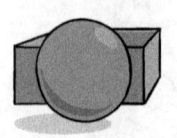

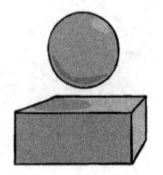

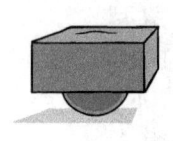

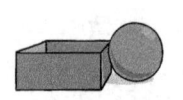

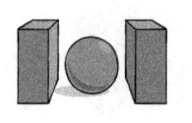

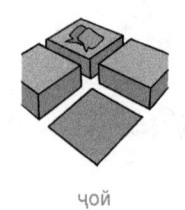

CPSIA information can be obtained
at www.ICGtesting.com
Printed in the USA
LVHW082059211020
669312LV00053B/1698